新・保育環境評価スケール ③
● 考える力

キャシー シルバー+イラム シラージ+ブレンダ タガート［著］
Kathy Sylva + Iram Siraj + Brenda Taggart

平林 祥+埋橋玲子［訳］
Hirabayashi Sho + Uzuhashi Reiko

ECERS-E
The Four Curricular Subscales Extension to the Early Childhood Environment Rating Scale® (ECERS)
4th Edition with Planning Notes

法律文化社

このスケールは、最初、イギリス政府が行った縦断研究 EPPE プロジェクト（= Effective Provision of Pre-School Education 効果的な就学前教育の実施）の一部分として開発されました。この研究は3歳から16歳までの子どもの発達を追跡した大規模なものです。EPPE 及びそれに続く EPPE 3-11、ERRSE 3-14、EPPSE16＋プロジェクトについては、以下のサイトをご参照ください。

サイト URL：http://webarchive.nationalarchives.gov.uk

ECERS-E:
The Four Curricular Subscales Extension to the Early Childhood Environment Rating Scale® (ECERS), 4 th Edition with Planning Notes.

by
Kathy Sylva, Iram Siraj and Brenda Taggart
Foreword by Thelma Harms

Copyright© 2011 Kathy Sylva, Iram Siraj and Brenda Taggart

First published by Teachers College Press, Teachers College,

Columbia University, New York, New York USA. All Rights Reserved.

ERS® and Environment Rating Scale® are registered trademarks of Teachers College, Colombia University.

Japanese translation rights arranged with Teachers College Press, New York

through Tuttle-Mori Agency, Inc., Tokyo

ECERS-E 翻訳本への期待

　日本の保育の世界には不思議な現象があります。その1つは「保育の評価」に対して苦手意識があることです。保育者は、子どもを評価することには積極的な傾向がうかがえますが、保育者自身や園の実践に対する評価には消極的で、受けいれないことが多くあります。こうした現象に対して文部科学省は、評価のない実践では保育の質の向上はありえないということで、幼稚園においては、2007年の学校教育法施行規則の改正によって学校評価が、また保育所に関しても2008年に自己評価ならびにその公表が努力義務として位置づけられました。

　評価のない教育・保育実践は考えられないところですが、不思議なことに長い間教師や学校・園の実践に対する評価はタブー視されてきました。しかし、今日のように多様化した社会になっていくなかで保育・教育の質が問われることになり、「評価」は避けられない課題として取り上げられてきています。教育・保育活動の成果を検証し、子ども一人ひとりにとっての園生活の質の保障とそのための豊かな保育環境と保育実践の質を客観的にとらえることが求められてきているのです。

　諸外国では、OECDの幼児教育の質向上の呼びかけに応じて様々な評価方法が紹介・実施されてきています。しかし日本では、数値化して評価することへの抵抗感があるのか、イタリアのレッジョ・エミリアのドキュメンテーション方法やニュージーランドのラーニングストーリー等が評価方法として受け入れられています。そうしたなかで数値化による評価にもかかわらず受け入れられてきたのがECERS-R（邦訳『保育環境評価スケール①幼児版』）です。この評価方法が拡がったのは、保育環境全般に評価スケールを焦点化していることで受け入れられたのだと考えられています。

　『新・保育環境評価スケール③考える力』の原著 ECERS-E は、その ECERS-R を基本に開発国のアメリカではなくイギリスでエクステンション版として新たに開発されたものです。保育環境を分節化し各要素及び総合的な保育の質を7段階の数値で評価するという手法がアメリカに逆輸入されて広く活用されているようで、保育の質的評価に大きな刺激をもたらすものであることは疑いの余地がないようです。しかし、ECERS-R は「保育のプロセスを評価する」とする T. ハームスら著者の意図とは異なり、日本では保育の構造を評価するには効果的ではあるが、保育のプロセスの評価が難しいと言われてきました。今回の ECERS-E は、そうした状況にどのように応えているのか大きな期待があります。

　いずれにしても保育の質的評価に対して保育の前提条件となる環境を数値化できるということで、そのデータを蓄積することによって保育改善の有無が明確化され、今後の保育実践の方向づけへの根拠になることは疑う余地のないものです。

　幼児教育の質の考え方には、未だ議論が進んでいません。「質」とは何か、それを測るための評価方法はどうしたらよいのか、さらに子どもの発達はどのようにみたらよいのか、今、幼児教育において「遊びを通して学習することが望ましい」、いや「幼児教育も小学校以上のような学校化が望ましい」という議論が交錯してきています。こうした問題に今回の翻訳・上梓本が新しい解決の方向付けの糸口になることを期待したいものです。

2018年1月

小　田　　豊

テルマ・ハームスによる前言

　ECERSの著者一同は、ECERS-Eと呼ばれている、ECERS-R（邦訳『保育環境評価スケール①幼児版』）のエクステンションの出版を歓迎し、私たちのECERSファミリーに仲間入りしてくださることを歓迎いたします。ECERS-Eがアメリカで出版されることで、アメリカと他国でもECERS-Rのエクステンションを活用することができるようになります。

　ECERS-Rとの関係をご理解いただくために、このECERS-Eが、なぜ、そしてどのように開発されたかを簡単にご説明します。ECERS-Eは、ECERS-Rに代わるものではなく、ECERS-Rの中にあるいくつかの項目を拡大したものとして開発されました。もともと、ECERS-Eを開発したイギリスの研究チームは、EPPE（= Effective Provision of Pre-School Education 効果的な就学前教育の実施）という調査研究でECERS-Rを用いていました。EPPEプロジェクトの目的は、子どもが小学校の学習について準備が整うような幼児教育のあり方を明確にすることでした。イギリスの研究チームは、小学校との接続に関心が高まるに伴い、**幼い子どもが読み書きや算数、科学に親しめるようにすることが"教え込み"に抗することだ**と気づいたのです。質の高い幼児教育施設で幼児にとって発達にふさわしい活動が行われると、小学校以後うまくやっていくための基礎的なスキルが身につくことが認識されました。そこでECERS-Eの著者らは私どもの承認を得て、ECERS-Rと併用できる完璧なサブスケールとして機能するようにいくつかの項目を拡張し、ECERS-Eという名称にしたのです。こうしてECERS-Rに付け加えられた4つのサブスケールとは、言語と思考、算数／数、自然／科学そして多様性の受容です。

　いろいろな調査研究や保育の質向上の実践を経て、ECERS-Eは改善を加えられていきました。1997年から2003年にかけてEPPEプロジェクトのなかでECERS-Rとともに用いられました。イギリスで2003年に調査版として発行され、2006年に大きく改訂されました。現在の2011年版はアメリカのティーチャーズカレッジ・プレスより *ECERS-E: The Four Curricular Subscales Extension to the Early Childhood Environment Rating Scale*（ECERS）と名づけられて出版され、さらなる改訂と注釈が付け加えられ、アメリカと他の国々で使いやすい形となったのです。

　ECERS-Rは保育の質についてより普遍的で総合的な測定を可能にするものですが、ECERS-Eの著者一同は2つのスケールを併用することでイギリスでの調査研究と保育の質向上を継続させてきました。アメリカ及びその他の国々で乳幼児期に関わる専門家も、健康と安全の保障、社会的・情緒的発達の援助、言語と認知の発達を刺激する適切な活動という子どもの3つの基本的なニーズがどのように満たされているかのアセスメントを行うのにECERS-RとECERS-Eを併用することが有効であることがわかるようになってきました。私たちはこれらの関連し合う2つのスケールが、世界的規模で幼い子どもたちの学びを育む環境を豊かにしていくことを望んでいます。

テルマ・ハームス（博士）
ECERS-R 筆頭著者
ノースカロライナ大学チャペルヒル

謝　辞

　多くの人々がこのスケールの作成と普及に協力してくださったことは以前の版で述べております。この出版にあたっては、A⁺ Education のサンドラ・マザラスとフェイ・リンスキーの多くの尽力を得ました（www.aplus-education.co.uk）。おふたりは保育アドバイザーや保育者に対しスケールの講習を行い、地方自治体で保育の質の測定と向上のために保育環境評価スケールが使われる際にその指導を行い、評価スケールのエキスパートとなりました。おふたりの力により、注釈が充実されていきました。それは日々子どもと関わる人々からの意見の聞き取り、何百回もの現場訪問によりなされました。サンドラとフェイは調査結果と実践知を独自にしかもパワフルに結びつけました。これらは *All-About the ECERS-E* として結実しようとしています。おふたりの入念さと細やかな細部への注意、そしてこれが最も重要なことですが、アセスメントというものに対する想像力豊かな取り組みに心より感謝いたします。

　2010年8月

キャシー・シルバー
イラム・シラージ
ブレンダ・タガート

EPPE 調査プロジェクト主任研究員

キャシー・シルバー教授
オックスフォード大学教育学部

エドワード・メリッシュ教授
ロンドン大学バークベック、子ども・家族・社会問題研究所

パム・サモンズ教授
オックスフォード大学教育学部

イラム・シラージ教授
ロンドン大学教育研究所

ブレンダ・タガート
ロンドン大学教育研究所

目次

ECERS-E 翻訳本への期待　　　　　　　　　　　　　　　　小田　豊
テルマ・ハームスによる前言
謝　辞

導　入
ECERS-E の理解のために
使用の手引き

新・保育環境評価スケール ③〈考える力〉
文字と言葉・数量形・科学と環境・多様性

評定項目と注釈 ……………………………………………………… 1
　　文字と言葉　1 － 6 …………… 2
　　数量形　7 － 9 b …………… 14
　　科学と環境　10－12 c …………… 22
　　多様性　13－15 …………… 32

スコアシート〈考える力〉 ………………………………………… 38

プロフィール〈考える力〉 ………………………………………… 42

付録 1 ▶園内（公開）研修の手引き ……………………………… 43

付録 2 ▶共同観察シート（観察者間信頼性確認） ……………… 44

解説 1　ECERS を自己評価と保育の質の向上のツールとして使う …… 45
解説 2　イギリスの幼児教育カリキュラムに基づいた実践のアセスメント ………… 49
解説 3　イギリスの指導計画について ……………………………… 52
解説 4　ECERS-E の信頼性と妥当性 ……………………………… 62

文献一覧

ECERS-E 翻訳本への参画　　　　　　　　　　　　　　　　秦　賢志
"質の高い保育"を追求するためのツールの 1 つとして　　平林　祥
"質の高い保育"を発信するプラットホームに　　　　　　埋橋玲子

導　　入

> **訳者付記**：ECERS-E はイギリスで開発されました。内容は、アメリカで開発された保育環境評価スケール ECERS-R の中の4項目を詳しくしたものです。この章では、イギリスでの開発の経緯と、その新スケールをアメリカで導入する意義が記されています。
> 　日本で ECERS-E を翻訳した背景には、2018年度より実施の幼稚園教育要領、保育所保育指針、幼保連携型認定こども園教育・保育要領で示された「幼児期の終わりまでに育ってほしい姿」の意図するところをどう保育実践に具体化していくか、という問題意識がありました。
> 　ECERS-E を取り入れたアメリカの状況は、現在の日本の状況と重なるところがあります。重なるところとそうでないところを探りつつ、日本での保育実践に本書をどう位置づけるかを考えていく上で参考となるでしょう。

　オリジナルの保育環境評価スケール（ECERS 1985）は、アメリカのノースカロライナ大学（チャペルヒル）FPG 子ども発達研究所[*1]で、3人の著者[*2]によって開発されました。改訂版の ECERS-R（1998）の4項目についてのエクステンション（拡張版）は、ECERS-E という名称で知られるようになり、現在では"保育環境評価スケールファミリー"の一員です。この"ファミリー"には、ほかに0歳から12歳まで年齢に応じて集団保育の質を評価する、以下のものが含まれます[*3]。

・ITERS-R[*4]（乳幼児保育環境評価スケール・改訂版）：誕生から2歳半まで
・ECERS-R[*5]（幼児保育環境評価スケール・改訂版）：2歳半から5歳まで
・SACERS[*6]（学童保育環境評価スケール）：5歳から12歳まで
・FCCERS-R[*7]（家庭的保育環境評価スケール・改訂版）：家庭的保育について

　ECERS-R は、研究や自己評価、監査、調査の手法としてアメリカ国内で高い評価を得ており、州規模の監査や保育者の研修や養成などの目的で広く用いられています。国際的な評価も高く、シンガポールからチリまで20カ国以上で使用され、ドイツ[*8]とイギリス[*9]では広く調査研究に用いられています。インド[*10]と中国[*11]では、研究者達が ECERS-R の考え方を基盤としながら自国の環境や実践に適合するように非常に異なる評価システムをつくり上げました。

　これまでに ECERS-R や他のスケールを利用したことのある人やそうでない人も、ECERS-E がそれらに連なり重要な要素を付け加えたとわかることでしょう。アメリカでは、幼児期にふさわしいやり方で読み書きや算数のスキルの芽生えを育むことがますます強調されています。ECERS-R と併せて ECERS-E を用いることで、質の高い幼児教育がどのようなものであるかという全体像を、よりはっきりと思い描くことができるでしょう。アメリカでの幼児期にふさわしい読み書き、算数、科学と環境学習、そして保育の場にどのような子どもをも受け入れること（inclusion）の強調は、ECERS-E が取り上げているカリキュラム評価と直接関係します。現在のアメリカの幼児教育の動向は、ECERS-E のこの第4版（本書）で取り扱われている題材とぴったり一致します。くわえて、計画についての章（p.52）はとくに興味をひくものでしょう。アメリカの保育施設では、保護者向けに1日あるいは1週間の予定を掲示していますが、この ECERS-E はより綿密に計画を立てる上で参考になるでしょう。この方法では一人ひとりの子どもを計画立案のプロセスの中心に置くため、実践でこの側面を改善したいと考える

アメリカの保育関係者にとって大いに興味をひくものとなるでしょう。

　このECERS-Eはイギリスだけでなく他の国でも多く使われるようになり、信頼できる手法としてなじみを得てきました。ノースカロライナ大学のFPG子ども発達研究所研究員がECERS-Rと合わせてECERS-Eを用いたところ、ECERS-Eはアメリカの施設の現実的な課題と関連性が高いことが見出されました。ECERS-Eは、ECERS-Rを補完するだけでなく、拡張するのです。

　ECERS-Eは、ECERS-Rにある4項目について拡張したものです。もともと、イギリスでの著名なEPPE研究プロジェクト（Effective Provision of Pre-School Education = 効果的な就学前教育の実施、1997-2003）のために開発されました。イギリス政府の助成によるこの長期縦断研究[*12]では、研究に耐える厳密さを有しつつ、イギリスの保育者にも受け入れられるような幼児教育・保育の質の測定法が求められました。

　ECERS-Rを用いることに異議は唱えられませんでしたが、EPPE研究チームは、ECERS-Rを当時イギリスで開発されつつあった就学前ナショナル・カリキュラムに適合するように拡張する必要がありました。ECERS-Rはアメリカで1980年代に開発され、DAP[*13]の考え方に広く依拠しています。子どもの読み書きや数的感覚、科学的思考の芽生えを支える保育環境については、ECERS-Rは一般的にしか取り上げていません。くわえて、文化的・知的な多様性に対する理解を促す保育環境についてもあまり踏み込んでいません。ECERS-Eは、当時のイギリスの資格・カリキュラム局[*14]発行のガイドライン[*15]の内容を反映したのみならず、アメリカでのDAPの概念の変化、とくに芽生えつつある読み書きと数的感覚、科学的思考、多様性に関連したものを踏まえて、ECERS-Rを補完することを目指しています。ECERS-Eが開発されると、それはイギリスとアメリカ、さらにさまざまな国で、ECERS-Rとは切っても切れない関係となりました。これら2つのスケールはわずかに重複するだけで、非常に効果的にお互いを補完しています。

　ECERS-Eは、3～5歳児が経験する幼児教育の質を、以下の側面から測定します。

・文字と言葉
・数量形
・科学と環境
・多様性（種族、性別、個別の学びのニーズ）

　これらサブスケールの項目は、それらの分野で学業につながる発達をねらいとした、教育方法も含めて指導計画の質を測定します（Sammons et al. 2002）。

　EPPE調査で得られたデータの分析から、ECERS-RよりもECERS-Eの方が子どもの知的・言語的な成長（3～5歳の間）をより高い精度で予測することが明らかになりました。ECERS-Rの総得点と2年間の認知的発達に相関はみられませんでしたが、相互関係に関する項目の得点と子どもたちの主体性（independence）および協力（cooperation）の成長には正の相関がみられました。学業につながる発達に注目すると、ECERS-Eは子どもの言語（language）と非言語論理（non-verbal reasoning）、数のスキル（number skills）、読みにつながるスキル（pre-reading skills）の成長との著しい相関がありました。

　私たちは、「質」は普遍的な概念ではなく、各国の優先事項に大きく依存すると考えています。もし就学時に重要視されるのが学業につながる達成度であれば、ECERS-Eは就学へのレディネスの良い判断材料となります。しかし、もし社会性が重視されるのなら、ECERS-Rの相互関係に関する項目の方がレディネスの良い判断材料になるかもしれません。

　それを考慮してなお、私たちはそのいずれも大切であると考えて、両方のスケールを用いることを推奨します。これは、保育環境評価スケールを用いて異なるカリキュラムによる保育の質を測定する際に、とくに重要になります。より広範囲な質の評価をするにあたっては、ECERS-RとともにECERS-Eを用いることを推奨します。

ECERS-R に慣れているアメリカの施設なら、ECERS-E はなじみがあり直観的に理解できる道具であると感じるでしょう。ECERS-E は、子どもがとくに知的な領域でいきいきと育つ豊かな保育環境を作り上げる一助となります。

イギリスでは、乳幼児の保育施設等は、OFSTED[*16]（読み：オフステッド）の定期的な査察を受けます。OFSTED はイギリスの政府関係機関で、法に定められてイギリス全域のあらゆる教育機関等（施設や家庭で行われる幼児教育・保育事業者、保育施設、学校、ほか）の調査・報告を行います。OFSTED は、幅広い領域についてのアウトカム、健康や安全に関することのほかに、各保育施設等の教育的内容の保障についても査察の対象としています。アメリカには、それに相当する国レベルの機関はなく、調査事業は州の責任で行われます。とはいえ、各州の調査事業の内容は、アメリカ全域にわたって、あるいはイギリスの査察内容と共通するところが多くあります（たとえば、安全、学びの活動があるかどうかなど）。

イギリスでは、OFSTED の査察に先立ち、各教育機関等には準備が求められます。そのなかで施設長や保育者は、自己評価書類[*17]を記入する上で ECERS-R と ECERS-E の両方が役に立つ部分があることを見出しています。その箇所では、施設が子どもの学びを支援するために何をしているかを省察することが求められます。イギリスのものではありますが、いくつかの項目はアメリカやその他の国でも共感を呼ぶことでしょう。どの国であれ、保育施設が子どもをどのように支援しているかの省察は必要でしょう。あなたの園では、以下のことがらについてどの程度達成できていますか？

乳幼児期の子どもの学びと育ち
・子どもとのやりとりを通して学びを支援する。
・乳幼児期の学びの目標に向けて子どもの育ちを助ける学びの環境を計画する。
・大人主導と子ども主導のバランスが取れた遊びを計画し、子どもが批判的に思考し、活動的・創造的な学び手であることを支える。
・個別のニーズに沿った計画を立てる。

乳幼児期の子どもの福祉
・将来必要となる技能を子どもたちが発達させることを助ける。
・保育の質の向上に、施設の自己評価を役立てる。

乳幼児期に与える全体的な効果
・保育の質の向上に向けて、施設は改善を続けている。

ECERS-R と ECERS-E を用いているどの国のどの施設も、このリストを検討することを勧めます。これらは、自己評価に深く関係しているでしょう。

過去10年、イギリスの多くの調査研究で ECERS-E と ECERS-R は信頼性と妥当性のある保育の質の測定方法として広く利用されてきました。また、アメリカでノースカロライナ大学 FPG 子ども発達研究所の研究員によって使われているほか、多くの国（例：中国、オーストラリア、ギリシャ、ポルトガル）でも利用されています。イギリスでは大小の多くの研究活動で利用されていますが、主なものとして以下のようなものが挙げられます。

・北アイルランド効果的乳幼児教育保育環境（EPPNI）　www.deni.gov.uk/researchreport41-2.pdf
・ミレニアムコホート調査（MCS）　www.cls.ioe.ac.uk/studies.asp?section=000100020001
・近隣保育所構想評価　www.dfe.gov.uk/research/data/uploadfiles/SSU2007FR024.pdf
・シュアスタート計画評価　www.ness.bbk.ac.uk/

- ウェールズ州における基盤期の効果的な実践の監査と評価計画（MEEIFP）

    www.327matters.org/Docs/meeifp.pdf
- 2歳児への試行的幼児教育の評価（2006-2009）

    www.dfe.gov.uk/research/data/uploadfiles/DCSF-RR134.pdf
- 学士リーダー基金の評価（2007-2011）

    http://www.education.ex.ac.uk/research/resgroup/fell/cfellrp.php

［訳注］

＊1　フランク・ポーター・グラム。
＊2　テルマ・ハームス、ディック・クリフォード、デビィ・クレア。
＊3　興味のある方は、以下のURLをご覧ください。www.fpg.unc.edu/~ECERS/
＊4　= *Infant/Toddler Environment Rating Scale-Revised,* Harms, Clifford, & Cryer（2003）／埋橋玲子訳『保育環境評価スケール②乳児版』（法律文化社、2009年）。
＊5　= *Early Childhood Environment Rating Scale-Revised,* Harms, Clifford, & Cryer（2005）／埋橋玲子訳『保育環境評価スケール①幼児版』（法律文化社、2008年）。
＊6　= *School-Age Care Environment Rating Scale,* Harms, Jacobs, & White（1996）。
＊7　= *Family Child Care Environment Rating Scale,* Harms, Cryer, & Clifford（2007）。
＊8　Tietze らによる翻訳（1996）。
＊9　Sylva ら（1999）。
＊10　Ilsley, B. J.（2000）。
＊11　Yan Yan & Yuejuan（2008）。
＊12　http://eppe.ioe.ac.uk、3歳から11歳の約3,000人の子どもの成長と発達を追跡。参照 Sylva ら（2004；2010）。
＊13　= Developmentally Appropriate Practice、発達にふさわしい実践。
＊14　= Qualification and Curriculum Authority。
＊15　the *English Curriculum Guidance for the Foundation Stage* ＝ イギリス幼児教育カリキュラム指導（2000）。
＊16　Ofsted: Office for Standards in Education 教育基準局。
＊17　SEF: SELF FORM. 参照 OFSTED（2008）。

ECERS-E の理解のために

　ECERS-E は2003年当初、調査目的で発行されました。私たちの目的は、イギリス国内のみならず他国、とりわけ ECERS-R を使用しているアメリカの研究者と幼児教育の場でのカリキュラムや教育方法のアセスメントをより細やかに行うために、付加的な資料を提供することにありました。

　最初に ECERS-E が開発されたときは、スケールの内容と目的について熟知している調査者によって使われていました。そのため、項目についての追記や注釈は必要なかったのです。しかしながら、今ではスケールが広範に使われるようになり、確実かつ適切に使用されるためには追記や注釈が必要となりました。スケールのトレーニング過程で受けた質問を元に、それぞれの項目についての注釈を加えていきました。注釈はスケールを使用する際の確実性を高めていきましたが、注釈は観察者の専門的な判断を支えることを目的としており、抑制するためのものではないということを心得ておくことが大切です。

ECERS-E とその教育方法：スケールの"真髄"

　個別のサブスケールは、たとえば「算数」【訳注：本書では数量形と意訳】のようにカリキュラム領域の表題を掲げていますが、それぞれの項目で質を評価する際には教育方法と資源、カリキュラムに焦点を合わせます。4つのサブスケールに共通するのは、教育方法と、資源と、保育がどのように組織されているかについて評点がつけられることです。各指標は通常、そのうちの1つに焦点づけられます。

　ECERS-E で良い評点のつく保育は、子どもが主導する活動と大人の主導する活動のバランスが取れており、"共同構築 co-construction"の教育方法に基づいて"ともに考え、深め続けること Sustained Shared Thinking"がかなりの程度なされているものです。また、指導計画、評価が子どもの個別のニーズと興味に基づいてなされている根拠があるものについても良い評点がつきます。

- 教育方法が「場当たり的」、あるいは一貫性を欠くものであれば〈3点〉のレベルである。
- 〈5点〉では、大人の導きと子どもの遊び／探求のバランスが取れている証拠が見て取れる。
- 〈7点〉では大人と子ども双方が意味、知識、スキルを共有し構築に向けて力を合わせる教育方法が保持されている。

　遊具／教材についての評点の基本は、適切ではあるが限られている場合に3点、幅広くあれば5点、子どもの発達過程や文化的背景、興味に応じて子どもがいきいきと使っているようであれば7点とすることです。

注意点

　ECERS-R は調査用のツールであると同時に、教育・保育実践を助けるツールとして開発されました。それとは対照的に、ECERS-E は純粋に調査用のツールとして開発されました。EPPE プロジェクトの一部として、特定の領域、とりわけ子どもの必要に迫られた読み書き、算数的活動、科学の思考を養うことを目指すものについて深さと厳密さを得るために、ECERS-R のエクステンションとして創り出されました。今や ECERS-E は質の向上目的で広く使われるようになり、有効な手引きとなっています。とはいえ、その開発の過程において以下の4つを忘れてはなりません。

1．ECERS-E は ECERS-R のエクステンションとして設計されており、単独での使用を想定していません。特定のカリキュラムの領域（文字と言葉・数量形・科学と環境・多様性）に焦点を合わせており、ほかの要素には言及していません（例：創造性、人格、社会性の教育、ICT）。ECERS-E が取り上げていない他の要素は、読み書きや算数、科学に比べて重要性が低いということではなく、単にそれらが EPPE プロジェクトの調査対象ではなかったことの反映でしかありません。ECERS-E を単独で使用してしまうと、取り上げた領域が他の要素よりも重要であるという印象を与えてしまうかもしれませんが、そのような意図はありません。ECERS-E は ECERS-R とともに使われることを前提としていて、いくつかの領域に関してより深く迫ろうとしているのです。

2．ECERS-E は、専門性開発のツールというよりは、保育の質評価を目的として設計されています。したがって、スケールの項目はそれぞれある領域について質を高めていくためのステップを示すものではありません。というよりは、それぞれの質のレベルでの一連の「指標」を示したものです。たとえば〈項目5：必要に迫られて書く〉での7（とてもよい）の指標は、とてもよいと評価される園などでよく見受けられることがらです。しかしながら、質の高い保育環境にどれもが求められるというものでもありません。スケールの項目を「チェックリスト」のようにみなし、他の進歩的な実践を ECERS-E に取り上げられていないからという理由で排除してしまうことは戒められなくてはなりません。それはこのスケールの精神に反します。

3．上にも述べたように、ECERS はすべての実践をカバーすることはできませんし、サブスケールが普遍的であるとも限りません。7点と評価されてもそこで終わりではなく、次の課題があります。質の向上については、これ以上ないということはありません。

4．ECERS-R と ECERS-E を自分たちのカリキュラム、環境、実践を一定の基準のもとに評価するためにうまく用いている園では、「質」がどのようなことを意味するのかを保育者間で議論し合うツールとして、スケールがとくに有効であると見出しました。スケールを公式に取り入れる前にそのような話し合いをしておくと、保育を変えていったり質をより深く理解したりすることに対して前向きな風土を築くことができます。スケールのトレーニング中に保育者たちは ECERS を"しなくてはならないもの"というよりは"使いこなす"ことに価値がある、と語るようになります（「解説1 ECERS を自己評価と保育の質の向上のツールとして使う」を参照）。

用語について

サブスケールのタイトルの「文字と言葉」「数量形」「科学と環境」「多様性」は広い意味で用いられています。それぞれのサブスケールはいくつかの項目で構成され、項目内には指標があります。たとえば以下のようです。

　　　サブスケール＝文字と言葉
　　　項目　　＝環境の中の文字
　　　指標1.1＝子どもにわかるようにラベルのついた絵や写真がない。

スケール全体を通して、「保育者」とは観察された保育室で日常的に子どもと関わっている大人のことを指します。常勤職員の他にボランティア、実習生、学生などがいる場合もあるでしょう。

遊具／教材あるいは設備等の資源について「使える」とあるのは、子どもが１日のなかで相当の時間、保育者の手を借りることなく自分たちだけで手に取ることができることを意味します。

スケールを使う前に

　この ECERS-E を自己評価のツールとして、あるいは調査の手段として使う前に(次項「使用の手引き」参照)、ECERS-R(『保育環境評価スケール①幼児版』[*1])に慣れ親しんでおくことを強く推奨します。[*2]

　スケールを使用するには、その内容を深く理解するだけでなく、観察されたことをどのように解釈するかが求められます。多くの場合観察だけでは不十分で、担当者に対する実践についての注意深い聞き取りが必要です。スケールの内容を熟知しているだけでなく、他の情報についてもたしかな眼をもっていなくてはなりません。適切な実践と子どもの発達過程を理解しており、保育実践についての造詣が深いことが判断を的確なものとします。

　スケールを使用する前に、外部のトレーニング機会[*3]を利用し、自身の判断の信頼性を試されることが強く推奨されることをご理解ください。スケールを使う上で「信頼性がある」とは、独立した観察者か相互評定者(一定の基準に達している)によって試され、評点が独立した「至適基準」に合致しているということです。そのことがアセスメントの結果を有効なものとします。相互評定による信頼性とは、2人の評価者が同じ状況を観察して同じような評点を出す程度を指します。相互評定者とは外部の評価者を意味します。

[訳注]
* 1　現在は ECERS-3、邦訳は埋橋玲子訳『新・保育環境評価スケール①3歳以上』(法律文化社、2016年)が使われている。
* 2　ティーチャーズカレッジ・プレスでは DVD を含み、一連のトレーニング教材を作成している。より詳しい解説書として All about the ECERS-R が出版されている。
* 3　アメリカでは ERSI (www.ersi.info)、イギリスでは A⁺ Education Ltd. (www.aplus-education.co.uk)、日本では埋橋玲子がおこなっている。

使用の手引き

A. 観察について

観察に備えて

　ECERS-R は、頻繁に見られる活動やふるまいに焦点を合わせることで、半日の観察での評定がしやすいように設計されています。算数のような特定カリキュラム領域の項目を設計する際に最も困難だった課題の1つは、1日の訪問の間に本質的な情報が観察されない可能性のある項目をどのように評定するかということでした。算数や科学の活動の多くは毎日行われているわけではないため、ECERS-E の開発者たちはサンプリング問題に直面しました。1週間の計画には組み込まれているものの、訪問の日に見ることの出来なかった活動を、評価者はどうやって"正当に評価する"ことができるでしょうか？そういった理由から、算数と科学については評定するための項目を選択できるようにしています。

　ECERS-R では、スタッフが作成した記録や計画などの書類審査を重視していませんでした。しかし、新しい ECERS-E では、計画や保育実践の証拠となる子どもの記録、保育室やその周辺の展示物（例：前日の科学活動の写真）などを調べることで情報を得る必要があったのです。これが可能になったのは、イギリスの保育実践では1日・1週・1期・1年毎に指導計画を立てることが強調されていたためであり、計画を立てる習慣がそれほど確立していない国と比較して、観察者の仕事が随分と楽になりました（後述の「B. 観察以外の資料の扱い」参照）。

　観察に備えて準備をする際、以下のことに注意を向ける必要があります。

- 他の保育環境評価スケールと同様、ECERS-E は一度に1つの集団の子どもに対して使用するように設計されています。その集団の子どもが利用可能なすべての区域が観察の対象となります。
- 観察を実施するのに充分な時間を割り当てましょう。ECERS-E を完了するために、少なくとも3〜4時間は確保しましょう。しかし、評価対象となる幅広い活動を観察し、その園の保育環境を正確に把握するためには、もっと時間が必要かもしれません。最低6時間は観察することを推奨します（たとえば、午前9時から午後3時まで）。
- もし ECERS-R と ECERS-E の両方を使うのであれば、はじめの数時間で ECERS-R による評定を完遂させ（ECERS-R の筆者たちは3〜4時間の観察時間を推奨しています）、そこから ECERS-E のためにさらなる証拠を集めるために観察を継続するとよいでしょう。
- 観察が終わってから、追加の質問をするためにスタッフと話す時間が必要になります。質問は、スタッフが保育業務から離れている時間に行います。また、保育計画や子どもの観察記録などの書類を閲覧できるように手配し、必要に応じてそれらの書類について質問をするためにさらに時間を必要とするかもしれません。訪問前に、それらの書類を閲覧することを園に伝えておくことが望ましいです。スタッフがそれらの書類を準備するのに十分な期間を与えましょう。
- 観察を開始する前に、クラスの情報を最大限揃えるようにしましょう（園名、観察する集団の年齢など）。
- 観察の前に施設を見て回り、部屋の位置や園内の構造を理解しておきましょう。観察の時間帯にどのような活動が計画されているかを、スタッフから聞き出して把握しておくのは良い手です。

- スケールを通して用いられる用語の定義が明確になっていることを確認しておきましょう。たとえば、"少し（a few）"は5以下の限定された数を示唆するのに対して、"たくさん（many）"は6以上であることを示します。観察者と相互評定者との間で、"少し（a few）""いくらか（some）""たくさん（many）""多様な（variety）""ほとんど（most）""ときどき（sometimes）"などの言葉について明確に定義(%値)を決めて合意しておく必要があります。この文脈で、本や読み書きコーナーに関連して"容易に利用できる（easily accessible）"とは、子どもたちが容易に教材を手に取り利用することができるという意味で、すべての子どもが常にすべての教材を利用できるという意味では必ずしもありません。"保育者"という用語は、子どもと直接関わるすべての大人を指す言葉です。

ECERS-R と ECERS-E を併せて使う

- ECERS-E と ECERS-R は、同じ日にあわせて適用されるよう意図されています。ECERS-E の項目には、評価する活動や資源の中にまれにしか見られないものもあるため、観察に丸一日を要します。たとえば、植物の種を植えて育てる小グループでの活動〈項目10：自然物〉は、保護者の1人が園に来て子どもと共に活動することができる午後に実施されるかもしれません。それゆえ、この特定の園を午前中のみを観察して評定することで、本来よりも低い得点につながるかもしれません。
- 充分に訓練を積んだ1人の観察者は、1日の訪問の間に、2つの尺度を使うにあたり要求されるすべての観察、面談、メモ取りをこなすことができます。ただし、その人は非常に濃密なペースで働かざるをえません。もし園が半日しか開園していない場合、連続した2日間にわたる2セッションが設定されるべきです。観察者は、早めに到着して子どもと保護者の到着を観察し、午前中から観察しメモを取るようにしましょう。半日のセッションの終わりには、明確に評定することのできた項目や指標と、さらなる情報を必要とする項目や指標とを整理しておく必要があります。昼食休憩時は、情報を持つスタッフとの面談をするのに都合の良い時間です。この面談のなかで、個別の子どもに関する記録や計画について調べることができます。2回目の半日セッションは、午前中に評定した内容を確認することと、まだ評価の確定していない項目や指標を評定することに費やします。2部構成の観察の最後にスタッフと話す時間がとれ、最終的な質問に答えてもらったり、たずねたいことのある展示や計画書類、資源などについて教えてもらえたりすれば理想的です。

観察を実施する

1. 項目は、本に掲載されている順番に評定する必要はありません。もしクッキング活動が行われているのであれば、先にそれを評定して、後で他の項目に戻る判断をすることができます。いくつかの項目は、その他の項目よりも評定しやすいかもしれません。
2. 十分な時間をとって筋の通った判断を下せる材料を揃えてから、項目を評定しましょう。このことは、大人と子どものやりとりや子ども同士のやりとりを観察することが求められる項目において特に重要です。自分の観察していることが、その施設の保育実践全体を代表しているのだと確信を持てるようになる必要があります。
3. 観察している活動を邪魔しないように注意しましょう。観察者は「壁のハエ」であるかのようにふるまい、子どもやスタッフとのやりとりを避けるべきです。できる限り目立たないようにし、ふるまいや表現、質問への応答について中立を保つことは重要です。

4．何か不確かなことがあれば、それについてスコアシートに詳細なメモをとり、観察が終了した後に見直すことができるように十分明確に記録しておくようにしましょう。その後、それについて客観的な基準に基づいて判断できる人と議論し、正しい判断を下すようにしましょう。もしスケールを自己評価に利用していて、自身の観察に基づいて他者にフィードバックを行うつもりであれば、これはとくに重要です。
5．**観察時間中にすべての項目を評定しましょう。園を離れたところでの評定は、非常に困難です。**
6．それぞれの観察のたびに新しいスコアシートを利用し（スコアシートのみ複写することが許可されています）、評定が判読可能かつ複写可能であるように注意しましょう。鉛筆と消しゴムを使用し、観察作業のなかで評定を改めることができるようにしておくことをおすすめします。

スコアを評定する

評定は、観察者がスケールに十分に馴染んでから行いましょう。以下の説明の通りに、厳密に判断が下されることが非常に重要です。

1．評定は、観察された保育実践を反映するもので、保育者が語った未来の計画等を反映させてはいけません。
2．スケールでは、質を1から7の幅で測定します。1は「不適切」、3は「最低限」、5は「よい」、7は「とてもよい」を表します。
3．観察は、常に1から始まり、体系的に実施します。
4．もしひとつでも1の指標に「はい」があれば、〈1〉とします。
5．1の指標がすべて「いいえ」で、3の指標の半分以上が「はい」であれば〈2〉とします。
6．1の指標がすべて「いいえ」で、3の指標のすべてが「はい」であれば〈3〉とします。
7．3以下の指標がすべて満たされ、5の指標の半分以上が「はい」であれば〈4〉とします。
8．3以下の指標がすべて満たされ、5の指標がすべて「はい」であれば〈5〉とします。
9．5以下の指標がすべて満たされ、7の指標の半分以上が「はい」であれば〈6〉とします。
10．5以下の指標がすべて満たされ、7の指標がすべて「はい」であれば、〈7〉とします。
11．無回答（該当なし）は、選択肢のある項目全体にのみ与えられます（例：〈項目9a：形〉あるいは〈項目9b：分類・対応・比較〉）。これらの項目には、スコアシートに「無回答」という選択肢が記載されています。
12．サブスケールの平均スコアを計算する際は、サブスケールの各項目の得点を合計し、評定した項目の数で割ります。スケールの全体スコアは、スケールの全項目の得点を合計し、評定された項目の数で割ることで得られます。
　　注記：これら管理上のガイドラインは、ECERS-Rに基づいています。これらの開発についてチャペルヒル班から得た助力に感謝します。

理想的な得点方式

ECERS-RとÄ異なり、ECERS-Eには選択できる項目があります。ECERS-Eは、学びの経験を提供する機会に焦点を合わせます。しかしながら、カリキュラムの重要な側面を構成するにもかかわらず、観察時間中にはっきりとは見ることのできない活動があるかもしれません。選択できる項目のいずれを評定するかを決める前に、観察時間中に展開される活動の幅を注意深く見極め、項目を評定するための根

拠を最も身近に観察できそうな項目はどれかを判別しましょう。すぐに判断を下せない場合は、選択肢を含めてすべての項目を評定し、その上で、そのカリキュラムの領域において、選択可能などの項目が最も子どもたちの全体的な経験を正確に反映するものかを判断しましょう。

　サブスケールのうち数量形と科学と環境のいくつかの項目は選択可能なものです。数量形の最初の2つの項目は常に評定します。それに続いて、〈形〉か〈分類・対応・比較〉のいずれかを観察者は選びます。科学と環境の最初の2つの項目は常に評定します。それに続いて、〈無生物〉か〈生物〉、〈食育〉のいずれかを観察者は選びます。

　選択肢を設けた背景には、すべての保育施設において観察を実施できるように、という考えがあります。ECERS-Eは複雑な教育的やりとりを評定するため、一度の観察の間にスケールに書かれたすべての態度や活動を見ることができると期待することは不可能、あるいは非現実的です。選択肢型の項目を設けることで、観察した日に最も明白に見られるものを正当に評価することができます。

　たとえば、科学と環境で選択できる3つの項目は、科学と環境の異なる領域（無生物、生物、食育）について同じ視点（例：保育者は、子どもが探求するにあたって様々な感覚を用いることを促し、子ども自身が経験したことについて話すことを奨励しているか）から評定します。通常、私たちは観察の後半になるまで、どの項目を評定するか決めないでいます。選択可能なすべての項目について情報を集め、観察の最後にどの項目を最も高く評価できるかを判断するのが優れた実施方法です。たとえば、パンを焼く活動を観察することが出来たのであれば、他の選択可能な項目よりも〈食育〉についてより多くの情報を得られたかもしれません。この場合、〈食育〉の項目をすべて評定した上で、［サブスケール：科学と環境］の他の2つの選択可能な項目に斜線を引きます。このようにして、その園のその日でベストの保育実践に基づいて正当に評価することができます。

　［サブスケール：科学と環境］については、いつも3項目について得点を出すことになります——項目10と11、そして選択可能な項目12の中から選んだ1つです。とはいえ、保育実践の場で専門性を向上させるような目的でスケールを用いる（例：ゆっくり時間をかけて保育実践の向上を支援する）のであれば、全項目を利用すればよいでしょう。

B. 観察以外の資料の扱い

計画書類を根拠として用いる

　イギリスでは、1990年代後半に乳幼児期の保育と教育についての政策に大きな転換がありました。一連の影響力を持った報告が提出され、乳幼児とその両親のために幼児教育の機会を拡大し、より統合的なアプローチが推奨されました（DES 1990；Ball 1994；Audit Commission 1996）。幼児教育の便益は、研究を通して得られた根拠（Sylva et al. 2004）でも支持されました。

　この動きは、一連の「ガイドライン」（QCA 2000）の開発につながり、乳幼児の教育に関する枠組みが設定された後、"出生から5歳までの子どもの学びと発達・ケア"に関する法定基準」（DfES 2007a）が制定されるに至りました。その法定基準では、学びと発達の主要6領域を網羅する教育的プログラムを子どもが受けなければならないことを明確にしています。学びと発達の主要6領域とは、①人格的・社会的・情緒的発達、②コミュニケーション・言語・読み書き、③創造性の発達、④身体的発達、⑤世界についての知識と理解、⑥問題解決と論理的思考、数的感覚、を指します。保育実践者は、子どもたちのこれらの領域に関するスキルが伸びていくようにするだけでなく、子どもたちの学びと発達をモニターすることも求められました。子どもの学びと発達のモニタリングは、「継続的な評価は、学びと発

達のプロセスに必要不可欠である」（DfES 2007b：16）と述べられた法定評価の手続きに従って行われます。この目的を達成するために、イギリスでは、子どもの学びと発達のモニタリングがますます強調されるだけでなく、園が提供する活動プログラムが子どもたちの発達的要求に応じたものであることを示す根拠を提供することも強調されてきました。

　イギリスでは練り上げられた指導計画を根拠とすることが一般的になりつつあり、その計画の質は園により差があるものの、すべての園は、査察に応じて指導計画を提供する法的義務、及び、保護者に子どもの個別プロフィールを報告する法的義務があります。

　イギリスの保育実践では、長期・中期・短期のそれぞれに対応した指導計画が定着しています。長期の計画は、最大で1年間にわたり、学びと発達の主要6領域についてどのように対応するかを大まかに示し、概観を示します。中期の計画（一般的には6週間）では、学びを促すための活動について、より詳細に示します。短期の指導計画（週または日単位）では、個人（または集団）が取り組むことになる特定の活動についてのより詳しい内容を示します。指導計画は、日々の活動のスケジュールというレベルを超えた詳細さを特徴とし、通常個別もしくは集団の子どもの学びと興味に基づいて作成されます。活動スケジュールを掲示して保護者に「一目で」子どもが各セッションで何をするのかという情報を提供し、実際の活動はより詳細に作成された保育計画に基づいて行われます。

　イギリスの指導計画は、活動の詳細を示すだけでなく、活動の評価も求められます。すなわち、保育者[*2]は活動における学びのねらいを明確に認識した上で、それが達成されたか否かについてコメントするのです。保育者は一般的に、何が上手くいき、何が上手くいかず、後に続く活動ではどのような変更をすべきかについて振り返ります。指導計画の振り返りに加えて、個々の子どもが活動している姿についてのていねいなコメントが添えられるのが一般的で、それは子どもの個別の幼児期発達プロフィール（Early Years Foundation Stage Profile）（QCA & DfES 2003）で要求される根拠の基準を満たすために行われます。幼児期発達プロフィールは、子どもの発達過程をモニターするために各施設が必ず作成しなければならないと法律で定められた書類です。子どもがイギリスの学校教育を受けていくなかで、そのプロフィールは子どもの達成を追跡するとともに、発達のどの領域が達成され、今後どの領域の発達が望まれるのかを示唆します。プロフィールは、保護者にその子どもの達成について克明に報告するためにも使われます。

指導計画を根拠として利用するときの注意

　イギリスでECERS-Eを用いて観察を実施する際、通常、評定者の判断を補強する追加資料として、子どもの経験について豊富な情報を含む「指導計画」を利用します。しかしながら、指導計画を根拠として利用する際には、最大限の注意を払わなくてはなりません。指導計画のみで評価を行い、観察による確認を忘れば、誤った判断に結びつくからです。

　その際に直面する最大の課題の1つは、書面の計画がどの程度実行されたかということです。忠実に実行する園もあれば、ただの紙切れでしかないという園もあるでしょう。子どもの要求や興味・関心に応じて計画を変更する施設もあれば、スタッフの都合に応じて計画を変更する園もあるでしょう。それゆえ、評定者は、その園が意味のある指導計画を立てる能力について、何かしらの見込みを持つ必要があります。指導計画の書類に、評価やコメント、子どもの実際の言動への言及（子どもが何をするはずであったか、ではなく、何をしたか）の記載が無ければ、その書類を根拠として扱うことに慎重であるべきです。たとえ良い指導計画であったとしても、正当な理由から変更されることはありますが、その場合は変更についても明確に記述されて、評定者が指導計画を立案から実行までたどることができる必要があります。指導計画そのものが、子どもの経験の質に関する直接の手掛かりとなるわけではありませ

んが、（適切に評価されれば）良い指導計画というものは子どもの経験の質に関する重要な知見を提供してくれる資料になります。

　ECERS-R は、頻繁に生じる活動やふるまいに焦点を合わせるよう設計されていますので、半日の訪問で評定することが容易です。算数など特定領域の項目を設計するにあたり、最も困難な課題は、必要不可欠な情報が 1 日の訪問では観察できないかもしれない項目をどのように評定するかということでした。多くの算数や科学の活動は毎日行われているわけではないので、私たちはサンプル抽出の問題に直面したのです。評定者は、週案には組み込まれているものの、訪問日には観察されなかった活動を、どのように"正当に評価"することができるでしょうか？　そこで、ECERS-R とは異なり、新しい ECERS-E を利用する観察者は、指導計画等の書類を閲覧し、保育実践の根拠として子どもの記録を検討し、保育室やその周辺の展示（たとえば、前日の科学活動の写真）を調べることで、情報を得る必要があるのです。保育記録に関しての伝統がそれほど強くない国と違い、イギリスでは保育実践を年・期・週・日単位で計画立案することを強調してきたので、こうした方法が可能になります。ECERS-E では、保育の計画を根拠として利用できる箇所を特定しています。繰り返しますが、観察による判断を下す際に必要以上に保育の計画に依存することについては注意しましょう。

　ECERS-E は観察尺度ですので、評点を与えるには、大半の活動やふるまいを観察する必要があります。場合によっては、補完的な根拠（例：展示や子どもの記録、ポートフォリオ）を利用できます。観察を他の資料からの根拠で補完することが適当である項目には、以下のような用語が添えられています。

計　画－指導計画
展　示－展示や写真記録
記　録－子どもの記録（子どものポートフォリオや作品集など含む）
質　問－質問に対する回答
　注記：スコアシート上において、これらの用語は関連する指標に添えて記載されています。評定の際には、これらの文字に丸印をつけることで、どの資料を根拠として用いたかを示すことができます。

　尺度全体を通して、観察以外の補完的な根拠を利用できる指標にはそれに応じて用語がついています（計画、展示、記録、質問）。これらの指標のうちいくつかでは、観察以外の根拠が求められます。たとえば、〈項目12a：無生物〉に含まれる以下の指標は、科学的概念の導入が計画されていることを要求します。この場合、指導計画という根拠は必須になります。
　5.1　保育者は、子どもが年齢にふさわしいやり方で科学的な概念に親しめる（例：素材がどう変化するか、磁石に何がくっつくか、沈むもの・浮くもの）ような活動を計画・実行し、子どもが素材を扱う。
　　　＊　計画　展示　記録

　しかしながら、観察以外の資料からの補完的な根拠を認める項目のほとんどでは、これらの追加資料は、「観察可能」な事例が欠落しているときにのみ、求められます。観察することが、常に最良の根拠を収集する方法です。なぜならば、展示や記録ではどのような実践があったのかを知るよしもないからです（指導計画からは、その活動が実施されたこと自体は確認できません）。たとえば、〈項目10：自然物〉に含まれる以下の指標では、訪問日にその活動が観察されれば正当に評価することができます。もし事例を直接観察することができない場合は、代わりに保育計画や展示からの根拠を利用することができます。
　5.1　装飾ではなく、何かの概念を伝えるために使われている自然物がある（例：種子や球根が育つようす、種まき）。＊　計画　展示

たとえある活動が指導計画に書かれていたとしても、あなたがその日に観察した内容が、その計画に一致していなければ評点を与えてはいけません。

<u>いくつかの項目では、保育計画や記録、展示から得られた根拠は**補助的**な根拠としてのみ扱われ、評定をするためにはその特定の活動が必ず観察されなければならないものがあります。それらの項目では、用語は（計画）（展示）（記録）のように括弧でくくられています</u>【下線部は訳者による】。

7.1 戸外で見られるいろいろな自然現象についてどんなものかを確かめたり調べたりし、それについて話し合ったり表現したりする。＊ （計画）（展示）

これらの指標の注記では、自然や自然素材に関する話し合いが、少なくとも1回は観察されなければならないことを明記しています。少なくとも1回の自然や自然素材に関する話し合いを観察した上で、指導計画や展示を補助的な根拠として利用し、子どもたちが多様な自然現象について経験できたかを評定することは可能です。

どれだけの量の根拠を検討するか

ECERS-Eを評定に用いる際、評定者は紙ベースの根拠を前もって検討しておきましょう。
- 長期・中期・短期の指導計画（あるいは、かなり一般的であれば、少なくとも直近6週間の指導計画。）[*]
- 3人の子どもの記録（例：ラーニングストーリー、子どもの作品のポートフォリオ）。可能であれば、記録は幅広い年齢や発達段階のものを見ましょう。たとえば、1人は1つ以上の領域で同年齢のグループより進んでいる子ども、1人は標準的な発達範囲にある子ども、1人は1つ以上の領域で困難を抱える子ども。
- 特別な支援を必要とする少なくとも1人の子どもに関連した書類（適用可能であれば、その子どもの個別的な計画に記録されたもの）。
- 現在の保育室の展示物（例：最近の活動の写真、そのクラスが最近実施した活動を保護者に伝えるために用意した冊子、子どもの作品の掲示板）。一般的な目安として、展示を根拠として利用するのであれば、それは6～8週間以内のものであるべきです。

注記：担当者に保育計画の立案と記録の作成のプロセスについて説明してもらうことが望ましいです。

＊ 根拠としての指導計画は、典型的な過去6週間分ほどが閲覧可能であるべきです。短期の保育計画は、子どもの興味・関心や要求に応答するために、あまり前もって完成することはできないものですが、たとえば関連する保育の領域や扱う可能性のあるテーマ、季節の取り組み等に関する中期の指導計画は、その施設の働きぶりを反映しているはずです。長期のねらいと、短期・長期の指導計画についても何かしらの形で文面化されているべきです。

スケール全体を通して、計画・記録・展示を根拠として用いる場合、検討された根拠のなかでどれくらいの例があるべきかの目安が書かれています。しかし、各園はそれぞれ異なる方法で計画を作成したり記録したりするため、この目安は厳密で例外を許さないものではありません。評定者はまた、ある特定の活動や概念が適切に提供されているかについても判断しなければなりません。ECERS-Eが徐々に取り入れられている場合（例：スタッフチームが時間をかけて）、6週間以上の範囲で指導計画を検討したり、子どもの記録をより深くていねいに検討したりすることが有効でしょう。

［訳注］
＊1 ＝ specific curricular area　イギリスのナショナル・カリキュラムのなかでの特定の領域に対する呼称。
＊2 原語は保育実践者（practitioner）。

新・保育環境評価スケール ③〈考える力〉
文字と言葉・数量形・科学と環境・多様性

評定項目と注釈

【項目一覧】

サブスケール1 ▶ **文字と言葉** ─────── 2
 1 環境の中の文字 2
 2 本と読み 4
 3 子どもと本を読む 6
 4 言葉の音 8
 5 必要に迫られて書く 10
 6 話すことと聞くこと 12

サブスケール2 ▶ **数量形** ─────── 14
 7 数える 14
 8 簡単な数字 16
 9a 形＊ 18
 9b 分類・対応・比較＊ 20
 （＊9aと9bは選択）

サブスケール3 ▶ **科学と環境** ─────── 22
 10 自然物 22
 11 科学にまつわる体験 24
 12a 無生物＊ 26
 12b 生　物＊ 28
 12c 食　育＊ 30
 （＊12a、12b、12cは選択）

サブスケール4 ▶ **多様性** ─────── 32
 13 一人ひとりの学びの尊重 32
 14 ジェンダー 34
 15 異なる民族・文化の尊重 36

サブスケール1 ▶ 文字と言葉

項目 1　環境の中の文字

〈不適切〉1
- 1.1　子どもにわかるようにラベルのついた絵や写真がない。＊　展示
- 1.2　子どもに関係するような書かれた言葉が展示物の中にない。＊　展示

2

〈最低限〉3
- 3.1　子どもにわかるようにラベルのついた絵や写真がある。＊　展示
- 3.2　ラベルのついた絵や写真があり、子どもによく見えるようになっている（例：棚のラベル、コート掛けや作品につけられた子どもの名前のラベル、「えんぴつ」や「ぺん」とものの名前のラベルがついた容れ物）。＊
- 3.3　子どもの目に留まるように言葉の表記がある（例：ドアのところに「ようこそ」、室内のコーナーに「ぞうけいコーナー」「すな/みずあそびコーナー」のように示してある）。＊　展示

4

〈よい〉5
- 5.1　文字が豊かにあるとわかる、名前や説明が書かれたラベルのついた絵や写真が多く目に入る。＊　展示
- 5.2　子どもが身の回りの書かれた言葉に親しみをもてる（例：持ち物掛けに自分の名前が書いてある、物入れに中身の名前が書いてある）。＊
- 5.3　子どもが身の回りの文字に親しみをもてるようにする（例：保育者が子どもの名前の文字や身の回りのものの文字に注意をひく）。＊【訳注：「あ」「い」などの個別の文字】

6

〈とてもよい〉7
- 7.1　身の回りの文字についての話し合いがあり、それはしばしば子どもの興味・関心をひくようなものである。＊
- 7.2　話題になった言葉と書かれた言葉につながりがある（例：子どものTシャツにプリントしてある言葉をなんと読むか話し合う）。＊
- 7.3　子どもが身の回りにある自分の名前以外の文字や言葉に親しみをもてるようになっている（例：ラベルやポスターの言葉）。＊

【注 釈】
項目1・環境の中の文字とは、子どもにとって意味のあるものについていたり書き込まれたりしているものを含めて、子どもの身の回りにある印刷された（書かれた）文字のことである。真に「環境的」であるには、その文字が添えられているものと関係性がなくてはならない。たとえば、容器に中身の写真と名前がついている、棚や荷物掛けにラベルがついている、包みや服、買い物袋に印刷がある、絵に文字で説明がある（「てをあらいましょう」）などである（1.1、1.2）。

絵本、ゲーム、絵カードの文字は「環境的」とみなさない。子ども向けでない大人向けの掲示などは対象としない。

3.1　異なる2以上の例。

3.2　異なる2以上の例。

3.3　子どもの目線より高い位置でもよく見えていればよい。

5.1　評点を与えるには、子どもによく見えるような5例がなくてはならない。観察者も「文字が豊かである」と感じることが必要である。

5.2　評点を与えるには、保育者が子どもに対して明らかに身の回りにある文字に気づくようにしていることが観察されるか（少なくとも1例）、毎日決まってすることのなかに書かれた文字に親しむような仕掛けがある（例：子どもが登園したら自分の名前が書かれた札を出席ボードに貼るなど）ことが必要である。

5.3　明らかに大人が子どもの注意をひいている1例がなくてはならない。

7.1　話し合いには必ず子どもが参加し、単に「知らされる」のではなく、引き込まれていなくてはならない。少なくとも2例が観察され、そのうち1例は子どもの個人的な興味と明らかにつながっていなくてはならない（例：子どものTシャツ、クラスの子どもから送られてきた絵葉書の文字、家から持参したものに書いてある文字）。

7.2　話し合いには子どもが参加していなくてはならない。少なくとも1例が観察されなくてはならない。

7.3　評点を与えるには、保育者が身の回りの言葉に子どもの関心を向けているのが1例、文字に子どもの関心を向けているのが少なくとも1例観察されなくてはならない。

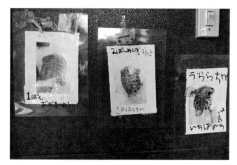

▲3.2、3.3　ペットの3匹のカメの名前が書いてある。
（→項目5：必要に迫られて書く、項目8：簡単な数字、項目9b：分類・対応・比較、項目10：自然物、にも関連）

▲3.1、3.2、3.3　季節の自然物、献立の野菜などの写真に名前が添えてある。

◀5.1　言葉や文字に親しめる展示がある。

サブスケール1 ▶ 文字と言葉

項目 2　本と読み

〈不適切〉1
- 1.1　本に魅力がない。*
- 1.2　本の内容が年齢にふさわしくない。*

2

〈最低限〉3
- 3.1　いくつか違う種類の本を手に取れる。*
- 3.2　室内に本を読める場所がある。*
- 3.3　本を読むための特定の場所があり、実際に子どもが本を読んでいる。*

4

〈よい〉5
- 5.1　いろいろな種類の本を手に取れる。*
- 5.2　子どもだけで本を読む場所を使える。*

6

〈とてもよい〉7
- 7.1　本を読む場所は心地よく（敷物やクッション、気持ちの良い椅子）、本自体はいろいろな形や内容、複雑なものがある。*
- 7.2　大人が本を使うように促して本のある場所を示す。*
- 7.3　本のコーナー以外でも、学びの活動に応じて本がある。*

【注 釈】

1.1 本そのものに注目し、置かれている状況は関係ない。もし50%以上が損傷しているようなら「はい」とする。

1.2 もし50%以上が年齢にふさわしくないなら「はい」とする。

3.1 考えられるカテゴリーは次のようなものである。絵／物語の本、参照／知識の本、詩／わらべ歌の本、数唱／算数の本。すべてのカテゴリーの本が揃っていなくてもよいが、少なくとも2種類のカテゴリーから3〜4冊、子どもが日常的に手に取れるようでなくてはならない。

3.2 本を読む場所はほかの静かな遊びに使われていたり、時にクラスで集まる場所になっていても構わないが、通常は本を読む場所として定められていなくてはならない。

3.3 このことはクラス集団活動の場合か自由遊びの場合か、集団か個人か、大人がいるかいないかに関わらない。この指標の意図するところは、本を読むために特定の場所があるかどうかということである。本が他の場所に持ち出されて読まれている場合には評点を与えない（例：間食の準備の待ち時間に本を持ち出して机にむかって読むなど）。

5.1 カテゴリーについては3.1を参照のこと。本は市販のものでも手作りのものでもよい。少なくとも各カテゴリーから最低3冊、毎日手にすることができるようになっていなくてはならない（観察するときは全員出席の状態で判断しなくてはならない）。さらに、文字のある本がほとんどであること、また読める程度に応じてレベルに幅がなくてはならない（例：やさしい内容から詳しい内容のものまで、多様性に応じて2言語の文章や多言語の文章のあるもの）。

5.2 少なくとも異なる2例が観察されなくてはならない。とはいえ子どもが自分から本を手に取れるかどうかを判断するにはクラスの人数を考慮することも必要である。子どもは他の目的ではなく、自分で本を選び読むために本のコーナーへ行くのでなくてはならない。

7.1 5.1で求められる以上に、幅広く子どもの興味関心を引き起こすように多様であることが求められる（例：科学的なもの、乗り物に関するもの、異なる文化や宗教、動物・人々・空想上の生き物についての物語）。大きさと形もいろいろでなくてはならない。発達段階に応じていることも5.1以上に求められる。簡単な作りの本から多くの写真があるもの、文字の分量が多いもの、あるいはより複雑な内容のものが含まれなくてはならない（例：図表を含んだ参照本）。

7.2 少なくとも1例の観察が必要である。

7.3 評点を与えるには、本が少なくとも異なる2箇所に置いてあり、その場所での学びや遊びの経験に関連していなくてはならない（例：算数コーナーに数の本）。

▲5.2 子どもだけで本を読む場所が使える。

▲7.1 クッションやぬいぐるみがあり心地よい。

▲7.3 色混ぜのコーナーに絵本が置いてある。

サブスケール1 ▶ 文字と言葉

項目 3　子どもと本を読む

〈不適切〉1
　　　1.1　大人が子どもに本を読むことがほとんどない。＊　計画　質問

2

〈最低限〉3
　　　3.1　大人が毎日、子どもと本を読む。＊　計画　質問
　　　3.2　大人が子どもに本を読むとき、子どもが本の世界に入り込んでいる（例：言葉やフレーズを繰り返すよう促される、大人が絵を一緒に見たり簡単な質問をしたりする）。＊

4

〈よい〉5
　　　5.1　本を読んでもらうとき、子どもが積極的に語句や物語の筋について話している。＊
　　　5.2　子どもは「もしも」と考えてみたり、本の内容と自分の経験を結びつけたりするように促される。＊

6

〈とてもよい〉7
　　　7.1　本の内容だけではなく、印刷されていることや文字などについても話したりする。＊
　　　7.2　子どもが自分たちだけでお話づくりが楽しめるような遊具／教材がある。　展示
　　　7.3　大人が数人の子どもに対し、個別に本を読んでいる。＊

【注　釈】

1.1　もし観察時間中に子どもに本を読むことがなく、日課にも入っていなければ「はい」とする。

3.1　観察時間中に2例以上グループか個別に本を読むことが観察されれば評点を与える。あるいは、クラス全体に対して（そのなかに入らない子どもが多少いても）読むことが計画の中に記入されていれば、観察時間外であってもそれを根拠として評点を与える。これはクラス全体でも、計画的に小グループ単位で読むのでもどちらでもよい。

3.2　評点を与えるには観察時間中に少なくとも1例が観察されなくてはならない。もし何回か読みの時間が観察されたら、そのほとんどの場合にやりとりが観察されなくてはならない。

5.1　少なくとも1例は観察されなくてはならない。もし数回観察されたら、ほとんどの例がそのような状態でなくてはならない。

5.2　大人が子どもに問いかけているようなことである。「この次に（登場人物は）何をすると思いますか？」あるいは（例：ペットについてなどの事物についての本などを読むとき）「家で何かペットを飼っていますか？　どんな風に世話をしていますか？」。数回本読みが観察されたら、ほとんどの例がそのような状態でなくてはならない。

7.1　評点を与えるには少なくとも1例が観察されなくてはならない。

7.3　数例が観察されなくてはならない。個別の子どもに本を読むというインフォーマルな読みがいつも行われていることが明らかでなくてはならない。

▲ 3.1、3.2、5.1、5.2、7.1　クラスで本を読んでいる状況。

▲ 7.2　ペープサートなどで遊べる。

▲ 7.3　少人数の子どもと本を読む。

サブスケール1 ▶文字と言葉

項目 4　言葉の音＊

〈不適切〉1
　　　1.1　言葉を唱えて遊ぶことがなく、詩が読まれたりもしない。＊　計画　質問

2

〈最低限〉3
　　　3.1　大人が子どもにしばしば言葉を唱えたり歌ったりしている。＊　計画　質問
　　　3.2　子どもは言葉を唱えたり歌ったりするよう誘われる。＊

4

〈よい〉5
　　　5.1　唱え言葉やわらべ歌で韻を踏んだり【訳注：音を揃える】調子を良くしたりして子どもの注意を集めることがある。＊
　　　5.2　頭韻を踏んで【訳注：言葉のはじめの音を取り出す】子どもの興味をひくことがある。＊

6

〈とてもよい〉7
　　　7.1　言葉の音節に注意が向けられる（例：音節にあわせ手を叩く、ジャンプするなど）。＊　計画
　　　7.2　言葉と文字のつながりに関心を持たせることがある。＊（計画）

【注　釈】
項目 4・唱え言葉には、わらべ歌やそのほかの唱え歌、唱え歌の絵本、詩、もしくは音節遊びが含まれる。クラス全体活動でも、小グループ活動のどちらでも評点を与える。もし歌が歌われていても、それは唱え言葉を含んでいないならば評点を与えない。大人が積極的に関与していなくてはならない。たとえば、子どもだけで歌や唱え言葉の録音等を聴いていても評点を与えない。

1.1　わらべ歌や唱え言葉が週に 2 ～ 3 回行われていないことが明らかであれば「はい」にする（例：週に 1 回しか計画されておらず、観察時間内で好きな時に歌ったりすることが観察されない）。

3.1　「しばしば」とは毎日行われていることを意味する。観察時間内でなくても、毎日クラス全体（あるいは大勢）で歌う／唱える活動が計画されていれば、「はい」とする。子どもの人数にもよるが、クラス集団活動よりも小グループ活動で行われることが望ましい。もし毎日の活動のなかに計画されていなければ、観察時間中の遊びのなかで小グループや個人の子どもが歌ったり唱えたりなど（例：歌う、わらべ歌の絵本などを見たりする）しているのが最低 2 例観察されれば「はい」とする。

3.2　この段階では大人がことさらに子どもをわらべ歌などに誘う必要はない。たとえば歌を歌うときやわらべ歌・唱え言葉等の絵本を読むときに普通に子どもが参加していればよい。

5.1　最低 1 例が観察されなくてはならない。

5.2　最低 2 例が観察されなくてはならない。大人は言葉の頭音に注意をひき、はっきりと発音するべきである（例：「あめ」と「あお」は同じ文字で始まることに"「あめ」と「あお」は同じ「あ」で始まりますね。ほかに「あ」で始まる言葉はどんなものがあるでしょう"などと言いながら注意をひくなど）。

7.1　観察時間内に観察できれば「はい」とする。もし当日観察できないなら、指導計画に少なくとも 2 例記入されていなくてはならない。

7.2　「はい」とするには観察時間中に 2 例、もしくは観察時間中に 1 例があり、指導計画に 2 例記入

されていなくてはならない。例には文字と音を結びつけるフォニックスの活動や子どもが話し言葉を書きおろすのを手伝うことも含まれる。

▲ 3.1、3.2　わらべ歌をする。
（『お茶を飲みに来てください』『すきすきぎゅっ』）

▲ 5.1　餅焼きのわらべ歌を教えてもらって自分たちで遊ぶ。

サブスケール1 ▶文字と言葉

項目 5　必要に迫られて書く＊

〈不適切〉1
- 1.1　子どもが何か書きたくなったときに、使える用具や紙などがない。＊
- 1.2　子どもは、大人（子ども）が言ったことを書き留めている姿を観察することがない。＊
　　　展示　記録

2

〈最低限〉3
- 3.1　子どもは筆記用具が使える（例：鉛筆、マーカー、チョーク）。
- 3.2　子どもが書き物をするのに紙などが使える（例：紙、小さな黒板、小さなホワイトボード）。
- 3.3　子どもは、大人（子ども）が言ったことを書き留めている姿を時々観察する。＊
　　　展示　記録

4

〈よい〉5
- 5.1　子どもが何か書きたくなったときに、書ける場所がある（例：書き物センター／コーナー）。＊
- 5.2　子どもは、大人（子ども）が言ったことを書き留めている姿をしばしば観察する。＊
- 5.3　子どもは他の人に何か伝えたいときに、「書き物」をするように励まされる（例：手作りの本、絵を描いて"れすとらん"と書く）。

6

〈とてもよい〉7
- 7.1　紙と鉛筆を揃えているだけではなく、「書きたく」なるような雰囲気のセンター／エリアがある（例：事務所センター／エリア）。
- 7.2　大人は子どもにめあてをもって書くことに注意を促す（例：封筒を見せる、買い物リスト、お話作り）。＊　展示　記録　（計画）
- 7.3　子どもが自ら書いたものが、他の人に見えるように貼ったりしてある。＊　展示

【注　釈】
項目5・必要に迫られて書く（Emergent/developing writing）とは、幼児がこれまで口で言っていたことを「文字（書かれたもの）」へと変換する試みのことである。初期の段階ではただの線や模様として現れるが、子どもに「何と"書いた"のですか」とたずねると説明してくれる。もう少し上達してくると、一見何ということもないマークのようなものが文字や数字とわかるようになる。子どもが大人の書いたものをなぞっているものは、当てはまらない。

1.1　ある程度観察して何も書けないようであれば「はい」とする。

1.2、3.3、5.2　保育者が子どもの言ったことを書き留めているかどうかは、展示物や子どもの記録／ポートフォリオなどで確認しなくてはならない。たとえば、作品に子どもの言葉が保育者によって書き添えられている、などが相当する。
－1.2と3.3では記録や展示にあれば良い。
－1.2で「いいえ」とするには、1例が見つけられればよい。
－3.3で「はい」とするには、2例が求められる。とはいえ、書かれたものが本当に大人と子どもが実際に関わったかどうかは知るよしもないので、記録／展示から根拠を得るのは正確とはいえない。【訳注：仕方がない】
　5.2を「はい」とするには、実際に大人が子どもの言ったことを書き留めるのを最低1例観察しなくてはならない。

5.1　特定の場所が1カ所または数カ所あり、適切な筆記用具等とスペースが設定されていなくてはならない――適当にテーブルなどの場所を見つけて何か書く、というのは十分ではない。このレベルでは、何かしら書きたくなるようなしかけが求められる（例：ペンや鉛筆、クレヨン、メモ用紙、定規、カレンダー、日記；買い物リスト、値段表、カタログ、鉛筆、メモ帳を使ってのごっこ遊び）。

7.2　例としてはごっこ遊びと書くことがつながっていること（例：郵便局で宛名ラベルをつける）や、子どもが何か見てわかるようなラベルなどを自分でつける（例：自分たちの引き出しや展示に何かラベルや注意書きをつける）などが挙げられる。もし観察時間中に子どもが何かめあてをもって書くところを観察できなかったら、以前の活動が推測されるものを見つけ出さなくてはならない（例：展示物）。展示物や記録から最低3例が見つけられなくてはならない。裏づけをとるには計画を見てもよいだろう。とはいえ、その計画がどのように実行される（された）かは不明であるので、計画にあったとしてもそれだけでは根拠にならない。

7.3　大人の手書きをまねたり、なぞり書きをしたりしたものは当てはまらない。

▲ 3.1、3.2、5.1、7.1　園庭にいても書ける環境。

▲ 5.3　レストランの開店状況を書いて知らせている。

▲ 7.3　子どもがプレゼント作りのためのリストを作り、貼り出している。

サブスケール1 ▶ 文字と言葉

項目 6　話すことと聞くこと

《不適切1》
- 1.1 子どもは、大人に話しかけるよう励まされたりすることやその機会がほとんどない。
- 1.2 大人からの話しかけのほとんどが指示、命令、監督である。＊

2

《最低限3》
- 3.1 大人と子どもの会話が少しある（例：子どもがしていることについて個別またはグループに話しかける、簡単な質問をする、子どもの言ったことに反応する）。
- 3.2 大人が少し関わりながら、子どもどうしで話せる（例：大人がはい／いいえで答えられる質問をする、一言で何かを答える）。

4

《よい5》
- 5.1 意見を言い合えるような興味深い経験が大人から立案される。＊（計画）
- 5.2 子どもは少し長めの答えを言うように励まされる（例：一言で終えてしまわないように求められる）。＊
- 5.3 大人から話しかけて子どもと楽しく1対1の会話をする機会をいつも設けている。＊

6

《とてもよい7》
- 7.1 大人は子どもと話すときに「はしごかけ【訳注：子どもが次の段階に進む手助けのこと】」をする。＊
- 7.2 子どもはしばしば小グループで話し合いをするように、そしてお互いに聞き合うことも大切であると励まされる。＊　計画
- 7.3 大人は、子どもが話すことで言葉が豊かになるようにいつもオープン・エンド【訳注：答えが1つではない】の質問をする（例：「もし〜ならあなたはどう思いますか」、「どうやって〜しましたか」）。＊
- 7.4 子どもは質問をするように大人から励まされる。＊

【注 釈】

1.2 もし大人の言葉のほとんどが、決まってすることや活動、ふるまいに関することしかなければ「はい」とする。

5.1 この指標は、大人がどの程度子どもが話をすることをねらっているかを見るものである。ここでの経験を通して意思疎通をし、考えを共有することについて明確に焦点づけられていなくてはならない。計画にあり話し合いに焦点が当てられていれば、「読み書きではない」（例：科学実験）経験もカウントすることができる。適切な計画の例としては、特定の活動に関してのキーワードや質問のリストをつくること、もしくは子どもの考えをまとめるためにトピックを始めるときの「ブレインストーミング」などが挙げられる。他でも同様であるが、計画にあることを根拠とするには条件があり、子どもが喜んで話すようにいかにうまく子どもの経験を引き出しているかを見てとるには、少なくとも1例は観察されなくてはならない。当てはまらないようであれば、評点は与えられない。

5.2 子どもの答えが「はい」か「いいえ」以上の長いものでなくてはならないが、7.3で求められるほどでなくてよい（例：「どの動物を小屋に連れて行きますか？」「明日のパーティに何を着て行きますか？」）。何例観察されなくてはならないということはないが、そのような問いかけがいつもなされていることが確信できる程度の回数は観察されなくてはならない。

5.3 数例が観察されなくてはならず、いろいろな場面で個別に話していることが見られなくてはならない（例：決まってすることをしている時、大人が主導する活動の時、自由遊びで子どもが主導する遊びの時）。ここでの会話は、3.2を上回るもので会話の広がりがあり、大人と子どもの間で行きつ戻りつのやりとりになっていなくてはならない。

7.1 「はしごかけ（足場かけ）」とは子どもの話に「枠組み」を与えることである。評点を与えるには、大人が会話でどの程度子どもの言葉を受け入れ子ども自身が言葉を出せるようにしているかを観察する（例：子どもが「見て、豆が大きくなっている」と言ったことに対し大人が「その通りですね、本当に背が高くなりましたね。どのくらい大きくなったと思いますか？」）。何例が観察されなくてはならないということはないが、観察者は問いかけや筋道立てでのコメントで子どもの考えを引き出そうとすることが常であることを十分に聞き取らなくてはならない。

7.2 ここでは小グループであることが大切である。この指標に関しては、クラス全体での話し合いやサークルタイムについては評定の対象としない。遊びのなかでのおしゃべりよりもやりとりができているかどうかに焦点を合わせる。例としては、何の絵を描いたかを話すとか、園外に出かけたことを思い出して話すなどがある。計画のなかにあるのなら、観察者は、話に内容がありお互いの話を聞くように励まされていることを十分見て取らなくてはならない（他の観察の結果を合わせて結論づけるなど）。

7.3 何例観察されなくてはならないということはないが、観察者はこのような問いかけがいつもなされていることを聞き取れていなくてはならない。

7.4 少なくとも励ましている1例が観察されなくてはならない。さらに、子どもが自然に発した質問に答えるときに大人は温かなやり方で答えていなくてはならない（例：子どもが問う時間を与える、質問に興味を示して答える）。

▲ 5.3 子どもの作品について話を聞く。

サブスケール2 ▶ 数量形

項目 7　数える＊

注記：項目7と8は必ず評定されなくてはならない。そのあとでその根拠を明確にするために項目9aか9bのどちらかを選ぶ。数量形のサブスケールでは、指導計画を確かめることも必要になる。

〈不適切1〉
- 1.1　数を数えているときに、子どもはほとんど関わっていない。＊　計画　展示　記録　質問
- 1.2　子どもが数えて遊べるような遊具／教材がほとんどない（例：どんぐり、貝がら、ボタン、数の絵本、ゲーム）。＊

2

〈最低限3〉
- 3.1　数の絵本、ゲーム、歌、唱え歌などの活動が少しある。＊　計画　展示　記録　質問
- 3.2　毎日決まってすることのなかで、数を数える。＊
- 3.3　算数の遊具／教材には、子どもに数える活動を促すようなものがある（例：数字のポスター、1.2に例示した数えられるもののセット、数の絵本、ゲームなど）。＊　展示

4

〈よい5〉
- 5.1　歌、唱え歌、数の絵本、ゲームなどの数の活動がしばしば保育者と子どもで行われている。＊（計画）（展示）（記録）
- 5.2　子どもは、数えたり、口に出して数えたりするように励まされる（例：登園時に人数を数える、6人の子どもに牛乳を6パック用意する、積み木のタワーに何個積み木があるか数える）。＊
- 5.3　大人は、子どもと何かをするときに順番を表す数（1番目、2番目……）を使う。＊

6

〈とてもよい7〉
- 7.1　子どもは、いろいろな場面で数を数えるように励まされる（例：ごっこ遊び、おやつ、一緒にレゴを使う）。＊
- 7.2　室内外で「1対1対応」【訳注：1人（個）に1つずつなど1対1に対応づける】ができるように活動が計画される（園外も含む）。＊　計画
- 7.3　指導計画に子どもと数の活動をすることが組みこまれる（例：さいころゲーム、ドミノ、数合わせ）。＊　計画
- 7.4　数のゲームや数えるもの、本が置かれてよく整った算数のコーナーがある。＊

【注　釈】
項目7・数えるには次のことが含まれる。数の歌や唱え歌を歌う、数える本、数えるゲーム、コンピュータ／数えることの入った双方向のゲーム、クラス集団活動のときの数の遊びなど算数の教材を使ったもの。

　観察者は、遊びのなかで数えることが偶発的に起こるのも評定しなくてはならない。理論的には、活動の一部として大人が意識的に数えることをしていればどのような遊びの活動でも当てはまる（単純に数を口にするだけではない）。活動は文化的に、発達的にふさわしいものでなくてはならない。たとえば、子どもの実体験と関わりなくワークシートで数を数えることは数の活動としては認められない。

　「毎日決まってすること」とは遊びではなく、おやつや昼食、外に出るのに上着を着たり一列に並んだり、片付けの時間のことである。数を数えるのは、おやつのときに皿が何枚必要か、朝の集まりの時に出席は何人であるとか、外に出るときに階段は何段あるか数えたりするなどがある。

1.1　子どもがどのような形であれ（数の活動や決まってすることのとき）週に1度も数える活動に関わっていなければ「はい」とする。

1.2　もし、遊具／教材が3より少なければ「はい」とする。

3.1　「少し」とは1例かそれ以上を意味する（このレベルでは毎日の活動は求められない）。活動の例については、項目7についての注釈を参照のこと。

3.2　少なくとも1例が観察されないといけない。

3.3　評点を与えるには、毎日接することができるものとして2例が観察されなくてはならない。

5.1　「しばしば」とは毎日を意味する。この指標に評点を与えるためには、観察時間中に数の活動が行われていなくてはならない。グループや個別で自然に数える活動が少なくとも2例観察されれば評点を与える。あるいは、観察時間中、保育者が数の学びの機会を見逃していたとしても、毎日決まってクラス全員で数の活動をしていることがわかれば評点を与える。観察時間中に、観察者は全部のカテゴリーから例を見出す必要はない（歌、唱え歌、数の本やゲーム）。とはいえ、これらが指導計画や記録、展示にそれらのことが行われている証拠を見つけなければならない。

5.2　少なくとも2例が観察されなくてはならない。集団活動、自由遊びのどちらの時でもよい。子どもが数を数えるように励まされているところが観察されなくてはならない。

5.3　少なくとも1例が観察されなくてはならない。順番を表す数字が毎日の活動のなかで使われている証拠を探す（例：交代でするゲームのときに1番目／2番目／3番目と話す；何曜日かをいうときに数える）。

7.1　このレベルで評点を与えるには、明らかに数に焦点を合わせた活動場面や、クラス全体の活動のときだけでなく、個別にあるいは小グループのときに、いろいろな場面で数に注目していることが求められる。数例が観察されなくてはならない。

7.2　評点を与えるには、指導計画の中に明らかに「1対1対応」の活動が3例記入されていることを確認し、そのうちの1つは戸外での活動／遊びでなくてはならない。

7.3　評点を与えるには、週に数回、数の活動がはっきりと計画されていなければならない。

7.4　子どもは、数のゲーム、数えるもの、本に毎日接するべきである。

◀ 3.1、5.1　指で数を示しながら数え歌を歌う。

▲ 7.2　クッキングで1人が1枚食べるなら　何枚（個）いるかを考える。
▲ 7.3　クッキングで数えることが指導計画に組み込まれている。

サブスケール2 ▶ 数量形

項目 8　簡単な数字＊

〈不適切〉1
- 1.1　簡単な数を読んだり説明したりすることに注意が払われない。＊　計画　展示　記録
- 1.2　数がどこにも掲示されていない。＊　展示

2

〈最低限〉3
- 3.1　数字とその数字の意味がわかるように示してある（例：1個のりんごの絵に「1」、2個のなしの絵に「2」が横にあるなど）。展示
- 3.2　ときどき数字を読んだり使ったりする子どもがいる。＊　計画　展示　記録
- 3.3　一連の数字に子どもの注意をひく（例：数字の列、数の本を読む）。＊

4

〈よい〉5
- 5.1　子どもは定期的に簡単な数を読んだり使ったりするよう励まされる。＊　　（展示）（計画）（記録）
- 5.2　子どもが数を使うことを支えるような遊具／教材がある。＊

6

〈とてもよい〉7
- 7.1　数字の意味がわかったり数字を使ったりするような、いろいろな活動が指導計画に組み込まれている。＊　（展示）（計画）（記録）
- 7.2　書かれた数字には、実際の目的がある（例：誕生日カードに年齢が書かれている）。＊　　展示　計画　記録

【注　釈】

項目8・幼児が数字を書くのは「子ども自身の必要に迫られ」ていなくてはならない（子ども自身が記録をしようとする）。最初の段階では、線やぐるぐる描きであるかもしれず、単に「ねだん」というだけかもしれない。年長になると、ままごとコーナーで買い物リストをつくり、何個必要かを書くようになる。本書が対象とする子どもについては、数字を教えられきちんと書くことを提案してはいない。ワークシートを使ったりするのではなく、数字を書くことに目的があり、実体験と結びついていなくてはならない（例：店屋ごっこで値札をつける）。

1.1　観察時間中に、大人が子どもの関心を数字に向けたり、子どもが数字を使う機会を与えられたりするといった根拠が観察中に見つからず、計画・展示・記録にも見当たらない場合は「はい」とする。

1.2　数字は子どもによく見えるようになっていなければならない（例：子どもの目線の高さ、遠くからでもよく見える大きさ）。

3.2　クラス内の子どもが全員ということではない。評点を与えるには、子どもが数を数えている姿を最低1例、数を使っている姿が最低1例、観察時間中、あるいは計画・展示・記録に認められればよい。

3.3　少なくとも1例が観察されなくてはならない。大人は一連の数字が書かれたものに子どもの注意を向け、はっきりと読んで話された内容と書かれた数字の意味を子どもが結びつけられるようにしていなくてはならない。これはクラス集団活動、小グループ、個人の場合といずれの場合でも起こりうる。

5.1　子どもが喜びすすんで数を数えたり使ったりするような環境が与えられなくてはならない（適切な場所）。観察者は、環境と展示、計画、記録に、子どもが決まってそのような機会を与えられている根拠を探さなくてはならない（毎日でなくてもよいが、週に3回は必要である）。さらに、大人が明らかに子どもに対して数を数えたり使ったりする姿が1例は観察されなくてはならない。このことはクラス集団活動のときでも自由遊びのときでも起こりうる。

5.2　毎日でなくてもよい。

7.1　評点を与えるには、週に1度は活動が計画されていなくてはならない。さらに子どもが簡単な数字を書いたり使ったりすることがいろいろな場面でできている姿を最低2例見てとれなくてはならない（例：砂に数字を書く、絵の具で描く、コンピュータを使う、身の回りにある数を読む）。

7.2　この指標は、子どもの活動や遊びが楽しくなるように実際の目的をもって数字を使うように励まされることが求められる。当日に観察できなければ、資料の中に2例が認められなくてはならない。

▲ 7.2　使える個数が示してある。

▲ 7.1、7.2　ごっこ遊びのなかの「ゲーム」の「得点」。

▲ 7.2　誕生日一覧のタペストリー。生まれ月と誕生日が示されている。

サブスケール2 ▶数量形

項目9a　形＊

注記：項目9aか9bか、観察中によく見られたものを選ぶ。

〈不適切〉1
1.1　子どもが「形」について経験したり学んだりする様子がほとんど見られない（例：通常の活動や生活のなかで「形」についてほとんど触れられない、大人が「形」にまつわる活動を計画していない）。＊　計画　展示　記録

2

〈最低限〉3
3.1　子どもがいくつかの異なる「形」に触れている。　＊
3.2　保育者が場面に応じて「形」の名前を言うことがある。＊
3.3　保育者が「形」を活動のなかで意図的に取り上げている。＊　計画　記録　展示

4

〈よい〉5
5.1　子どもがいろいろな「形」に触れることができ、保育者が「形」の名前に子どもの注意をひいている（例：丸、四角、三角、ひし形）。　＊
5.2　保育者は、子どもが自分でいろいろな形を描く・作ることに関心をもたせている（描画、粘土）。＊

6

〈とてもよい〉7
7.1　多くの活動や遊具／教材により、いろいろな場面で「形」に触れる機会がある（例：造形活動、構成遊び、集団遊び、ごっこ遊び）。＊　（計画）（記録）（展示）
7.2　活動を通して基本的な「形」の概念を発展させたり広げたりしている（例：いろいろな形の平面的・立体的な小道具などがある）。　計画　記録　展示
7.3　保育者は、子どもがいろいろな形がもつ性質に気づくようにし（例：三角形の三辺）、わかったことをもとにして形のパズルで遊んだり、新しいことに応用したりするように支える。＊　展示　計画　記録

【注 釈】

1.1 観察時間中に直接に観察できず、過去に行ったことがわかるような指導計画や記録、展示がなければ「はい」とする。

3.1 異なる形のものであれば、どんな遊具／教材でもよい（例：異なる形の積み木、クッキングや粘土遊びの型抜き、図形の掲示物）。少なくとも日常的に2種類のものに触れることができなくてはならない。

3.2 この場合では、保育者は必ずしも正確な名称を使わなくとも、通常使われている言い方でかまわない（例：筒みたいなもの）。他にはパターンに関係した言葉でもよい（例：とがってる、なみなみ）。少なくとも1例が観察されなくてはならない。

3.3 「形」をねらいに置いた活動が観察されなくてはならない。もし計画や記録、展示を根拠とするならば、最低2例が必要になる。

5.1 毎日、形にまつわる質のよい遊具や教材（5例以上）に触れていなくてはならない（例：形のポスター、パズル、立体のパズル、形の異なる積み木、形についての絵本）。毎日触れることはない他の遊具や教材もあるだろう。3.1のレベル以上に、形に触れる多様な機会がなくてはならない。遊具／教材があるだけではなく、観察者は、保育者が最低2例は「形」について子どもの注意をひいていることを観察しなくてはならない。

5.2 少なくとも1例が観察されなくてはならない。

7.1 計画や記録、展示に証拠が認められたとしても、少なくとも3例は明らかに観察されなくてはならない。

7.3 この項目のポイントは、知識の応用にある。

▲3.1 形のパズルがある。

▲3.2 地面に形を描くのに注目して形の名前を言う。
▲5.2 地面に形を描くことについて注目し、励ます。

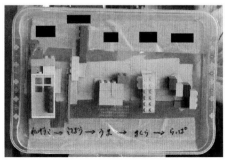

▲5.2、7.1 レゴしりとりの遊び。レゴでいろいろな形を作りしりとりをする。

サブスケール２ ▶ 数量形

項目 9b 分類・対応・比較＊

注記：項目９ａか９ｂか、観察中によく見られたものを選ぶ。

〈不適切〉1

1.1 子どもが分類、対応、比較するよう励まされることがない。＊ 計画 展示 記録

2

〈最低限〉3

3.1 分類、対応、比較できるようなものがいくつかある。＊
3.2 子どもが少なくとも１つの基準に基づいて、分類、対応、比較をしている（例：重い／軽い、色）。＊ 計画 展示 記録
3.3 保育者が分類、対応、比較をしてみせ、子どもにも同じようにさせている。＊

4

〈よい〉5

5.1 分類、対応、比較のスキルを高めるような活動が、定期的にある（例：日常の環境のなかで複数の基準で分類する、違う場面で分類をする）。＊（計画）
5.2 分類、対応、比較の基準となる特徴が、大人によってはっきりと示される。
5.3 保育者は、子どもが分類、対応、比較、測定をするときに、その比較の基準を言葉で言うように励ます（例：大きい、こちらの方が大きい、一番大きい／小さい）。＊

6

〈とてもよい〉7

7.1 子どもは、分類、対応、比較をするときに、一連の組み合わせの特徴をはっきりと言うように励まされる（例：形で分類したときに"これは全部丸い"と説明をする）。＊
7.2 いろいろな活動場面で分類、対応、比較の基準が言葉で表現される（例：３匹のクマを大きさ順に並べる、丸い・こちらの方が大きい・こちらの方が重いなどの言葉を使う）。＊
7.3 子どもは分類、対応、比較を１つの基準でやりおおせたら、次には別の基準でやって見るように励まされる（例：帽子を大きさ、色、形とそれぞれの基準でやってみる）。＊ 計画

【注　釈】

1.1　観察時間中に分類、対応、比較をすることがなく、計画・展示・記録にも記載がなく、これまでにもおこなった形跡がなければ「はい」とする。

3.1　分類したり、対応させたり、比較するものは、次のようなものがある。採取された自然物（小石、松ぼっくり、貝殻）、形や大きさの違う遊具／教材（砂水遊びの容器、積み木）、既製品の「数えるクマ」【訳注：数えたり分けたりして遊ぶクマのミニチュア】、数字キューブ、分類／マッチングゲーム。評点を与えるには、最低2例観察されないとならない。

3.2　観察時間中に、大人が加わっているかどうかにかかわらず、子どもが分類、対応、比較しているようすが観察されれば、評点を与える。計画・展示・記録を根拠とするならば、それらのなかに最低2例が見出されなくてはならない。

3.3　少なくとも1例が観察され、保育者が積極的に分類、対応、比較するようすを見せていないといけない。これは大人が主導する活動の一部として観察される場合もあれば、自由遊びのなかでより親しみやすい形で行われる場合もある（例：片づけのときにどう分類していくかを見せる、2人の子どもが同じ色のトップスを着ているのに注目して他にも同じ色を着ている子どもがいないかを探す、同じ赤色のブロックを使ってタワーを作るように励ます）。

5.1　少なくとも1例が観察されなくてはならない。観察者は、計画を見て定期的に行われていることを確認する（定期的とは週に3〜4回行われることを意味する）。

5.3　少なくとも1例が観察されなくてはならない。ここでは保育者が子どもに比較する言葉を使っているかどうかに焦点を合わせる。

7.1　少なくとも1例が観察されなくてはならない。

7.2　少なくとも異なる2例が観察されなくてはならない。

7.3　もし当日観察されなければ、参照した資料の中に少なくとも明確な1例が見出されなくてはならない。

▲3.2　チョークは仕切りのある箱に色分けして入れる。

▲5.1　草花で冠などを作るとき、材料の組み合わせの特徴に保育者が気づき、話す。
▲7.1　子どもが材料の組み合わせをするときにどんなつもりがあったかを聞き、話せるようにする。

▲3.2　子どもが花の種類で分類して並べている。
▲5.2　保育者が子どもの分類について基準を言う。
▲5.3　子どもがどうしてそのように並べたかを尋ねてみる。
▲7.1　子どもがその基準をはっきりと言えるように助ける。

サブスケール3 ▶ 科学と環境

項目10　自然物＊

注記：項目10と11は必ず評定しなくてはならない。項目10、11を終えた後、その根拠を得るために項目12a・12b・12cのうちひとつを選ぶ。［サブスケール：科学と環境］の項目では、場合によっては指導計画を見せてもらうことも必要になる。

〈不適切〉1

1.1　室内で、自然物に接することがほとんどない（2例以下）。

2

〈最低限〉3

3.1　室内で、自然物に接することがある。＊
3.2　戸外で、自然物に接することがある。＊

4

〈よい〉5

5.1　装飾ではなく、何かの概念を伝えるために使われている自然物がある（例：種子や球根が育つようす、種まき）。＊　計画　展示
5.2　子どもは、自然物の特徴を調べてみるようにしばしば励まされる。＊
5.3　大人は、子どもといるときに自然に対する感謝、好奇心、あるいは尊敬の念を示す（例：きのこやうじ虫に嫌悪ではなく興味を示す）。＊

6

〈とてもよい〉7

7.1　戸外で見られるいろいろな自然現象についてどんなものかを確かめたり調べたりし、それについて話し合ったり表現したりする。＊　（計画）（展示）
7.2　子どもは、園に自然物を持ち込むよう励まされる。＊　展示　質問
7.3　子どもは、自然物をじっと観察したり、絵に書いたりするよう励まされる。＊

計画　展示　記録

【注　釈】
項目10・自然物には生物（例：植物、魚、ハムスターなど）と無生物（例：小石、松ぼっくり、貝がらなど）があり、砂や水のようなものもある。素材はありのままの状況であり、自然界からのものであることがわかるようになっていなくてはならない。

3.1　少なくとも異なる5例に毎日接していなくてはならない。それ以上は、毎日でなくてもよい（危険なものは除く）。

3.2　少なくとも異なる5例に毎日接していなくてはならない。例としては、近づける木、庭や畑（ハーブ、野菜）、飼育動物（うさぎ、モルモット）などがある。

5.1　観察時間中に見られたら評点を与える。もし計画と展示にだけ見られるならば、2例挙げられなくてはならない。このレベルでは、計画はアイデア／科学的な概念の導入をねらいとして明確に設定していなくてはならない（例：「チョウの絵を描く」ではなく「チョウの一生を知るためにチョウを観察して絵を描こう」）。

5.2　「しばしば」とは毎日を意味する。1例以上が観察されたら評点を与える。これには皆が集まっての話し合い（例：園庭で見つけた石の感触を味わう、石の下にいる虫を見る）だけではなく、計画された活動も含まれる（例：種を見るために果物を切る）。

5.3　少なくとも1例が観察されなくてはならない。

7.1　自然現象や自然物についての話し合いが少なくとも1例あり、子どもが喜んで話し合いに参加していなくてはならない。計画か展示は、子どもが広く自然現象を探求するように励まされている証拠となる（例：天候、小動物、植物、動物、森林への遠足）。計画には、話し合うことがらが明記されていなくてはならない（例：鍵となる語彙）。

7.2　観察の当日に実例が観察されたら評点を与える（例：保育者が園庭散歩を設定し、子どもに話し合いのときに材料となるものを見つけるように励ましている）。子どもが自然物を園に持ち帰ったことがわかるような最近の展示物があれば、それも評点を与える根拠となる（例：家庭から連れてきたペット、秋に落ち葉を集める）。もし展示物がなければ、オープンエンドの質問をする。たとえば「トピックや展示のためにどうやって自然物を集めますか？」「子どもが興味をもった自然物をもってくる例をいくつか教えてください」などである。具体的な例がなければ評点は与えられない。

7.3　観察されたら評点を与える。もし計画・展示・記録を見るなら、少なくとも1例がなくてはならない（この場合子どもが自然物を丹念に観察するように励まされたことがはっきりとわからなくてはならない）。

▲5.2　栽培している植物の特徴を図鑑で調べる。

▲5.2　植物の実を叩いてみたり、すりつぶしてみたりする。

▲7.2　子どもが集めた木の葉や木の実など。

サブスケール3 ▶ 科学と環境

項目11　科学にまつわる体験

〈不適切〉1
1.1　科学にまつわる教材や展示、本、活動がない。

2

〈最低限〉3
3.1　科学遊びの道具が選べるようになっている（例：磁石や虫めがね）。＊
3.2　展示で、自然の変化がわかるようなものがある（例：四季）。＊　展示
3.3　身の回りの科学について話し合いが生まれるような展示が、子どもに見えるようになっている（例：身体の仕組みのポスター、チョウの一生）。＊

4

〈よい〉5
5.1　科学遊びに使える、いろいろな道具や用具がある。＊
5.2　同じ／異なる性質のものを集めているのがわかる（例：巻けるもの、伸びるもの、跳ねるもの、プラスチック製、金属製）。＊
5.3　科学的な話題が出たときに参照できるような、物語ではない印刷物がある。＊

6

〈とてもよい〉7
7.1　科学遊びに使える、広範囲にわたる道具や用具がある。＊
7.2　科学的なことがらを調べるのに、本、絵や写真などの参考資料が幅広く備えてある。＊
　　　展示
7.3　子どもが毎日使える、広くてわくわくするような科学センター（コーナー）がある。
7.4　科学遊びのための何らかの設定があるだけではなく、別の場所にも科学の教材がしつらえてある（例：戸外）。＊

【注　釈】

3.1　少なくとも2例あり、毎日接することができないといけない。

3.2　この指標の意図は、保育者が"戸外にあるものを室内に取り入れ"そして／または子どもが自然界の変化に気づく機会を与えるように努力しているかどうかを見るところにある。

3.3　展示は科学的な内容でなくてはならない（例：ペットのポスターや一般的な森林の風景は不適切）。

5.1、5.2　道具や用具とは、科学に親しむための特定の教材を意味している（例：鏡、レンズ、分光器、拡大鏡、虫を集めるための容器、色つきのへら、顕微鏡など）。

5.1　「いろいろな」とは、数人の子どもが一度に使えるように数がより多くなり、3.1のレベルよりは種類が豊かにそろっていることを意味する。評点を与えるには、少なくとも異なる5例の道具や用具が毎日使えるようになっていなくてはならない。普通の砂と水の道具（例：じょうご／カップ／筒）については、科学の学びにつながっていることが確認されたら評点を与える（例：浮き沈みを試す）。

5.2　集められている基準が、科学的な考え方に基づいているかどうか（例：同じ色のものを集める）を確認しなくてはならない。コレクションには毎日接している必要はない。

5.3　評点を与えるには、少なくとも5例（例：5冊の科学の本）に毎日接することができていなくてはならない。

7.1　5.1で示したものに加え、特定のトピックに対応した専用の道具・用具（例：'色'について色付きレンズ、色つきへら。'光'について分光器やライトボックス。'電気'について電池やワイヤー）が求められる。

7.2　大人が子どもに参考資料としてすぐに示せるように日々容易に使えるようになっており、子どももある程度は使える絵や写真にはポスターやその他の展示も含まれる。

7.4　たとえば、"海辺のごっこ遊び"コーナーに海辺の生き物についての図鑑、カニのはさみ、じっくり観察できるように虫めがねを置いておくなどがある。

▲3.3　身体の仕組みのポスター。

▲5.1　磁石であそぶ。

▲5.1　影絵遊びをする。

サブスケール3 ▶ 科学と環境

項目12a　無生物＊

注記：12a・12b・12c いずれか、観察中に最もよく見られたものを選ぶ。

〈不適切〉1
1.1　子どもたちは話し合いのなかで、物の性質や科学的な用語、概念について探求するよう励まされることがない。＊　計画　展示　記録

2

〈最低限〉3
3.1　大人か子どもによって、科学的な探求や実験が行われる（例：アイスキューブを日光に当ててみる）。＊　計画　展示　記録
3.2　科学的な用語や概念が毎日話題に取り上げられる（例：天候について話す、水の中で「浮く」「沈む」の言葉を使う、溶けること・圧力・物がなぜどのように動くのかについて話す）。＊

4

〈よい〉5
5.1　保育者は、子どもが年齢にふさわしいやり方で科学的な概念に親しめる（例：素材がどう変化するか、磁石に何がくっつくか、沈むもの・浮くもの）ような活動を計画・実行し、子どもが素材を扱う。＊　計画　展示　記録
5.2　大人が物の性質や変化に子どもの注意・関心をひかせる（例：誕生日のローソクが溶ける）。＊
5.3　子どもが2種類以上の感覚を使って無生物の現象を探求し、その経験について話し合うことを促される（例：見るだけではなく触る／匂いを嗅ぐ）。＊

6

〈とてもよい〉7
7.1　子どもは、無生物の素材を探求するいろいろな活動のなかで、直接的な経験をする。＊　　　　　　　　　　　　　　　　　　　　　　　　（計画）（展示）（記録）
7.2　子どもは、いろいろな科学的な概念やアイデアを経験するように励まされる。＊　　　　　　　　　　　　　　　　　　　　　　　　　　　　計画　展示　記録
7.3　大人は、子どもが物質やその特徴について話し合いをするように励ます。＊
7.4　大人は、子どもが質問をするように励ます。＊
7.5　大人は、子どもが質問に対する答えを筋道立てて求めるように励ます。＊
7.6　子どもは、科学的な探求を記録するように励まされる。

【注　釈】

項目12a・高いレベルでは、保育者が子どもとやりとりをしているのが観察されなくてはならない（例：砂／水テーブルや他の活動コーナーにて）。高いレベルでは、子どもが科学のプロセス――じっくりと観察する、疑問をもったり推測をしたりする（仮説を立てる）、実験する（何が起こるかを見る）、結果について話し合い解釈をする（なぜそうなったかを考える）――を経験しているのが見て取れなくてはならない。

1.1　もし、観察中にも計画・展示・記録のいずれも見られなかったら「はい」とする。

3.1　観察されたら評点を与える。計画・展示・記録を証拠とするならば、最低２例が資料の中に観察されなければならない。例としては、おもちゃの車の表面を触りながら感触を確かめたり、異なる素材の設備で断熱材／吸水材の効果を確かめるようなことがある（例：「どこに置くと人形は一番暖かくなる／乾くでしょう」）。

3.2　少なくとも１例が観察されなくてはならず、無生物に関連していなくてはならない。計画された科学的活動のときであったり、毎日の活動や自由な遊びのときであったりする。

5.1　この指標では、保育者が科学的な学びについて計画を立てていることが求められる。少なくとも無生物の取り扱いが計画・展示・記録の資料のなかで見つからなくてはならない。このレベルでは、計画の中で特定のアイデアや科学的な概念を示す意図が含まれなくてはならない（例：単純な"磁石遊び"ではなく"何が磁石に付いて、何が付かないのかを試す"）。この指標の後半の部分は、子どもが素材を扱う機会があることを求める（例：保育者が実験するのを子どもが眺めているだけではない）。

5.2　評点を与えるには、大人がものの性質や変化に子どもの関心を向ける１例が観察されなくてはならない（例：暑い日に地表から水が蒸発することに関心を持たせる）。このレベルでは、3.2以上に話の内容が科学的でなくてはならない。

5.3　評点を与えるには、最低１例が観察されなくてはならない。感覚がひとつだけではないことと、子どもはその経験について言葉で表現するように励まされなくてはならない（例：「どんな匂いがしますか？」）。

7.1　直接的な経験の活動があるかどうかを測るには、少なくとも１例が観察されなくてはならない（例：磁石が付くか付かないか）――当日に全員の子どもが経験していなくてもよい。計画・展示・記録を証拠とする場合には、無生物についてであるか、また、全員の子どもが経験できているかどうかを確かめる。

7.2　評点を与えるには、5.1よりは高度で広い範囲に及ぶ概念やアイデアが示されなくてはならない。

7.3、7.4、7.5　少なくとも１例が観察されなくてはならないが、7.3、7.4、7.5ではより質の高い相互関係の例が求められる。

▲3.1、5.2、7.1　泥団子を土や砂などでいろいろな作り方をしてみる。

▲3.1、5.1、7.1　いろいろな容器があり、水の性質等を探求できる。

サブスケール3 ▶科学と環境

項目12b　生　物＊

〈不適切〉1
1.1　話し合いのなかで身の回りの自然の性質や科学的な用語、概念について探求するよう励まされることがない。＊　計画　展示　記録

2

〈最低限〉3
3.1　大人か子どもによって、科学的な探求や実験がおこなわれる（例：苗木を育てる、オタマジャクシの飼育）。＊　計画　展示　記録
3.2　科学的な用語や概念が毎日話題に取り上げられる（例：植物の成長、昆虫の生態、生命の循環、生き物の世話）。＊
3.3　室内か戸外のいずれかに生き物がいる（例：植物、魚、カタツムリ）。

4

〈よい〉5
5.1　大人は、年齢にふさわしいやり方で科学的な概念に親しめるような活動を計画・実行し、子どもが生き物に接する。＊　計画　展示　記録
5.2　大人は、自然界の特徴や変化に子どもの注意をひく（例：チョウの一生、年をとる過程、花の仕組みと名称）。＊
5.3　子どもが2種類以上の感覚を使って生き物の現象を探求し、その経験について話し合うことを促される（例：見るだけではなく触る／匂いを嗅ぐ）。＊

6

〈とてもよい〉7
7.1　子どもは、動植物について、適切なやり方で直接的な経験をする。＊
　　　　　　　　　　　　　　　　　　　　　　　　（計画）（展示）（記録）
7.2　子どもは、いろいろな科学的な概念やアイデアを経験するように励まされる。＊
　　　　　　　　　　　　　　　　　　　　　　　　　　　計画　展示　記録
7.3　大人は、子どもが植物や動物の世界の特徴について話し合いをするように励ます。＊
7.4　大人は、子どもが質問をするように励ます。＊
7.5　大人は、子どもが質問に対する答えを筋道立てて求めるように励ます。＊
7.6　子どもは、科学的な探求を記録するように励まされる。

【注　釈】

項目12b・高いレベルでは、保育者と子どもとのやりとりが観察されなくてはならない（例：野外で）。その場合、子どもが科学的な過程を経験している証拠が求められる（例：じっくり観察すること、疑問をもったり推測をしたり（仮説を立てる）、実験をし（何が起こるかを見る）、結果について話し合い解釈をする（なぜこうなったか））。

1.1　何の例も観察されず、計画・展示・記録に何も見つからなければ「はい」となる。

3.1　観察されたら評点を与える。計画・展示・記録を証拠にするなら、資料の中に少なくとも２例が見出されなくてはならない。

3.2　少なくとも生き物に関係した１例が観察されなくてはならない。これは計画した活動の場合もあるし、毎日の活動や自由遊びのなかでも起こりうる。例としては、子どもの飼っているペットの話や園庭で見たクモの話などがある。

5.1　ここでは保育者が科学的な学びについての指導計画を立てることが求められる。計画・展示・記録の場合は、少なくとも生き物に関する４例が見出されなくてはならない。このレベルでは、計画で明らかに科学的なアイデアや概念が導入されなくてはならない（例：「チョウの絵を描きましょう」ではなく「チョウの一生がどんなものか観察を続けて絵を描きましょう」）。この指標の後半では、子どもが生き物を扱う機会があることを求めている（例：保育者がやってみせて子どもは見ているだけではない）。

5.2　評点を与えるには、大人がものの性質や変化に子どもの関心を向ける１例が観察されなくてはならない。このレベルでは、話の内容が3.2以上に科学的でなくてはならない。

5.3　評点を与えるには、最低１例が観察されなくてはならない。感覚がひとつだけではないことと、子どもがその経験について言葉で表現するように励まされなくてはならない（例：「どんな感じがしますか？」）。

7.1　直接的な経験の活動があるかどうかを測るには、少なくとも１例が観察されなくてはならない（例：種をまく、虫を捕まえる）。当日に全員の子どもが経験していなくてもよい。計画・展示・記録を証拠とする場合には、生物についてであるか、また、全員の子どもが経験できているかどうかを確かめる。

7.2　評点を与えるには、5.1よりは高度で広い範囲に及ぶ概念やアイデアが示されなくてはならない。

7.3　評点を与えるには、少なくとも植物について１例、動物について１例が観察されなくてはならない。

7.3、7.4、7.5　少なくとも１例が観察されなくてはならないが、7.3、7.4、7.5ではより質の高い相互関係の例が求められる。

▲3.1、5.1　昆虫のコーナーがある。

▲5.2　園庭の池にいる生物に子どもの注意をひく。

▲3.1、3.2、3.3、5.1、7.1　インコを飼育し、鳥の特徴に関心をもち、いろいろな活動に展開する。

サブスケール3 ▶ 科学と環境

項目12c　食　育＊

〈不適切〉1
1.1　子どもと一緒に食べ物や飲み物の準備をすることがない。＊　計画　展示　記録　質問

2

〈最低限〉3
3.1　保育者は、ときどき子どもと一緒に食べ物の準備をする。＊　計画　展示　記録　質問
3.2　何人かの子どもは、食べ物の準備をする機会がある。＊　計画　展示　質問
3.3　適切なときに食べ物の話題が取り上げられる（例：おやつやクッキング活動のときに保育者が子どもに食べ物について話す）。＊

4

〈よい〉5
5.1　しばしば、食べ物の準備やクッキング活動がある。＊　計画　展示　記録　質問
5.2　ほとんどの子どもは、食べ物の準備をする機会がある。＊　計画　展示　記録　質問
5.3　保育者は、適切な言葉を用いて、子どもが関わっている食べ物について話し合いをするように導く（例：溶ける、融ける）。＊
5.4　子どもは、2つ以上の感覚を使い（例：感じる、嗅ぐ、味わう）それぞれの経験について自分なりに確かめ言いあらわすよう励まされる。＊

6

〈とてもよい〉7
7.1　全員の子どもが参加できるクッキング活動がしばしばあり、内容も多彩である。＊
　　　計画
7.2　魅力的に活動が終わり、食べることができ、値打ちがある（例：自分で食べる、家に持ち帰る）。
7.3　保育者は、食べ物を準備する過程について話し合いをするよう励ましたり、子どもに質問をしたりする（例：「前はどうでしたか？」「今はどう変わりましたか？」「何が起きたのでしょうか？」）。＊

【注　釈】

項目12c・レベルでは、保育者と子どものやりとりが観察されなくてはならない（例：おやつやクッキングの時）。その場合、子どもが科学的な過程を経験している証拠が求められる（例：じっくり観察すること、疑問をもったり推測をしたり（仮説を立てる）、実験をし（何が起こるかを見る）、結果について話し合い解釈をする（なぜこうなったかを考える））。"食べ物の準備"にはクッキングの活動、おやつや食事の準備が含まれる（子どもは観察しているか、参加をしている）。

1.1　もし観察時間中に子どもが食物の準備やクッキングを観察（または参加）する機会がなく、計画・展示・記録に何も見つからず、質問しても保育者がそのような例を挙げることができなければ、「はい」となる。

3.1　これには、保育者が食事の準備をする姿を子どもが見ていることも含まれる。計画・展示・記録を証拠とするならば、資料の中に少なくとも2例が見出されなくてはならない。

3.2　これは場合によってか（子どもがおやつや昼食のために食べ物の準備をする）、事前に計画されていたか（例：計画されたクッキングなど）の両方がある。

3.3　少なくとも1例が観察されなくてはならない（例：パンが焦げたこと、初めて食べるクラッカー、子どもが家から持ってきた食べ物について話す）。

5.1、7.1　「しばしば」とはおおむね1～2週間のうちに1度（またはそれ以上）を意味する。もし食事の準備の活動が1～2週に1度あれば、評点を与える（たとえ全員の子どもがさほど参加していなくてもよい）。

5.2　大多数の子どもが、1～2週間に1度は食事の準備をする機会がなくてはならない。

5.3　観察時間中に1度は観察されなくてはならない。このレベルでは、3.3より高いレベルで科学的な概念が取り上げられなくてはならない。

5.4　少なくとも1例が観察されなくてはならない。2つ以上の感覚を使うよう励まされるとともに、経験について言葉で説明するよう励まされなくてはならない（例：「どんな匂いがしますか？」）。

7.3　少なくとも1例が観察されなくてはならない。子どもは積極的に話し合いに参加し、保育者は子どもの科学的な言葉と学びについて支え、"はしごかけ"をしているのが観察されなくてはならない。

〈例　たこ焼きクッキング〉

▲5.1　材料の買い出し、調理、試食の一通りを何度も行う。

▲5.3　材料のタコを切りながら、タコの足の形や吸盤に注目し、話し合いにつなげる。

▲7.2　できたてのたこ焼きを食べる。何回か「練習」をして行事で本格的に実施。

サブスケール4 ▶ 多様性

項目13　一人ひとりの学びの尊重

注記：子どもの個人記録を見る。

〈不適切〉1
- 1.1　活動や遊具／教材が年齢、発達過程、子どもの興味・関心にふさわしくない。＊　　　　　　　　　　　　　　　　　　　計画　質問
- 1.2　書面での計画がない。＊　計画
- 1.3　計画の内容に個別の子どもやグループについての記載がない。　計画
- 1.4　記録がないか、あっても活動内容を記しただけで子どもの反応や達成の記録がない（例：チェックリストか子どもの作品の例）。　記録

2

〈最低限〉3
- 3.1　個別の子どもやグループに配慮した活動がある（例：日本語学習のサポート）。＊　　　　　　　　　　　　　　　　　　　計画　質問
- 3.2　特定の子どもやグループに対して配慮した書面の計画がある。＊　計画
- 3.3　書面の記録に活動時の子どもの反応やその活動が適切であったかどうかについての気づきがある（例：言語面でのサポートの必要性、2まで数えられる）。＊　記録
- 3.4　保育者は一人ひとりの子どもについて気づきや認めがある（例：子どもができるできないに関わらず、励ましたり褒めたりする）。＊

4

〈よい〉5
- 5.1　豊かに用意された活動は、子どもの興味・関心をひき、どの子どもの発達過程や背景にもかなっており、それぞれが達成感を味わえ、学びを促進する。＊　計画　質問
- 5.2　日案には、クラス（グループ）と子どものいずれにとっても、個別の子どもの興味とニーズを満たすようなねらいと内容が書き込まれている。＊　計画
- 5.3　子どもはよく観察されており、個人的な記録があり、発達の状況がわかる。＊　記録
- 5.4　保育者は、多様性について子どもの注意をひき、一貫している。＊　（展示）

6

〈とてもよい〉7
- 7.1　発達過程や背景の異なる子どもが交わり、それぞれの子どもが満たされながら一緒にできる活動が計画・組織されている（例：異年齢あるいは何かがよくできる子どもとそうでない子どもがペアになり同じことをする）。＊　質問　計画
- 7.2　計画表があり、個別の子ども／ペア／グループとそれぞれに対しての大人の役割が示されている。また、計画には、それぞれの活動などのねらいが段階的に示されている。＊　計画
- 7.3　計画を立てることにつながるような、子どものようすの観察と記録がある。＊　　　　　　　　　　　　　　　　　　　　　　　計画　記録　質問
- 7.4　保育者はクラス（グループ）全体に対し、それぞれの違いを肯定的に認めるような活動を意識的に取り入れた計画を立てる（例：障がいのある子どもを肯定的に認める、多言語を喜ぶ）。＊　計画　展示　記録

【注　釈】
〈活動と計画〉
1.1、3.1、5.1、1.2、3.2、5.2　特定のニーズ（例：日本語が第一言語でない）、あるいは年齢や発達過程に応じて異なる活動や資源が提供されている証拠がなくてはならない。

　　―1.1、3.1、5.1　活動や資源の提供や調整が（計画されていたか場面に応じてかを問わず）、どの程度ニーズに対応しているかに関連する。

　　―1.2、3.2、5.2　どの程度前もって計画されているかを見てとる。

5.1、5.2　幅広い活動が子どもに提供されなくてはならない。

7.1　このことは常に明らかであるとは限らないので、子どもたちがなぜ一緒に活動をするかを保育者に質問することもある（例：「なぜ子どもたちは一緒に活動をするのですか？」「特定の子どもに一緒に遊ぶように励ましたことがありますか？　それはなぜですか？　例を挙げていただけますか？」）。

7.2　保育者の指導について、単に分担を決めているだけではなく、細部にわたり計画されていなくてはならない。この指標で評点を与えるには、大人の指導の内容と子どもの活動の範囲の両方が示されていなくてはならない。

〈観察と記録〉
3.3　このレベルでは、個別の子どもに最低限の配慮がなされていることが観察されたり記録があったりすればよい（または活動の適切さ）。

5.3　評点を与えるには、なんらかの形で週ごと（おおむね）の観察がなされていることが見てとれなくてはならない。形式が決まっているというよりは、付箋などに出来事やできるようになったことが書き留めてあるものかもしれない。

7.3　このことが確かかどうかを確認するために、質問をする場合がある（例：保育者に計画の参考にするような観察の例をたずねる）。

〈違いを喜ぶ（＝多様性の祝福）〉
3.4　グループ（クラス）の全員の子どもが認められることが普段の姿であれば評点を与える。

5.4　この指標は、グループ（クラス）の子どもが同じではないことを大切にしているかどうかについてのものである。評点を与えるには、3.4で求められるレベル以上の内容のある話がなされていなくてはならない（例：誰かが何か新しくできるようになったことに注目する、なぜある子どもは食事の時に肉が食べられないかについての思慮深い話し合いがある、障がいのある子どもが特別な椅子に座っていることについて適切に説明する）。少なくとも1例が観察されなくてはならず、展示の中に証拠となるようなものが見出される場合もある（例：子どもの作品に、その作品で何かやり遂げたことについてのコメントがついている）。

7.4　この指標は、子どもが違いについて一般的にわきまえているだけでは十分ではない。観察者は、証拠としていろいろな違いがあるのが喜ばれていることが計画の中に明記されていることを証拠とする（例：視覚障がいや聴覚障がいのことが感覚をテーマにした話し合いのなかで取り上げられる）。証拠は、展示の中や子どもの記録の中に見出される場合もある。評点を与えるには、資料の中に違いを喜ぶことが明確に計画されていることが最低1例見出されることが求められる。

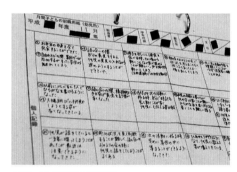
▲3.3　クラスの子どもの記録。

▲7.4　誕生会には保護者が招かれ、子どもの生い立ちなどについてクラスの子どもに話をする。

サブスケール4 ▶ 多様性

項目14 ジェンダー

〈不適切〉1
- 1.1 本、絵や写真、小さなフィギュア（例：レゴ）、人形、展示が性別のステレオタイプを示している。＊　展示
- 1.2 保育者が性別のステレオタイプを見逃したり奨励したりする（例：かわいい格好の女児やたくましいふるまいの男児だけを認める）。＊

2

〈最低限〉3
- 3.1 性別で決めつけることのない本、絵や写真、小さなフィギュア、人形、展示などが子どもの目の届くところにある（例：赤ちゃんの世話をする父親、男児と女児が一緒に箱積み木で遊んでいる写真）。＊　展示
- 3.2 子どもが、ときどき、性別のステレオタイプでない活動や行動をする（例：男児がままごとで料理をしたり赤ちゃんの世話をする、女児が戸外で乗り物遊びをする）。

4

〈よい〉5
- 5.1 たくさんの本、絵や写真、小さなフィギュア、人形、展示などが男性と女性をステレオタイプの性別分業を示していない（例：男性保育者、女性がタイヤ交換）。＊　展示
- 5.2 ジェンダーで区別をしない活動が通常行われており、必要であれば保育者がそのような活動を励ます（例：積み木遊びやダンスに誘うが強制はしない）。＊　（質問）
- 5.3 ごっこ遊びで使われる衣装は、性別にこだわらない役割を示す（例：看護師、警察官、ブルージーンズのような性別に関わりない服装）。＊　（計画）（質問）

6

〈とてもよい〉7
- 7.1 意図的に、男性と女性のステレオタイプにこだわらないような本、絵や写真、小さなフィギュア、人形に子どもの注意を向けたり、子どもがジェンダーについて話し合うことを助けるような活動を計画したりする。＊　計画　質問
- 7.2 保育者は、子どものステレオタイプな行動や発言について冷静に話し合ったり、適切に対処したりする。＊　質問
- 7.3 男性保育者がいたり、ときどき子どもに接する男性がやって来たりする。＊　質問

【注 釈】

1.1 ステレオタイプに抗した教材や遊具がほとんどないかまったくない場合にのみ「はい」とする（例：10分の1より少ない）。教材／遊具が1種類だけでもたくさんあれば評点を与える（例：本だけがある）。

1.2 もしステレオタイプであるものが数例（あるいは典型的な1例）あるか、観察時間中に保育者がステレオタイプな言動を無視しているときだけ「はい」とする。

3.1 全体的に、ジェンダーをステレオタイプで描いていないものが10％程度（あるいはそれ以上）あれば評点を与える。5つのカテゴリー（1.1参照）のうち2例に明らかにあり、子どもが日々接していれば評点を与える。

5.1 全体的に、ジェンダーをステレオタイプで描いていないものが20％程度（あるいはそれ以上）あれば評点を与える。5つのカテゴリー（1.1参照）のうち3例に明らかにあり、子どもが日々接していれば評点を与える（全カテゴリーまでは求めないにせよ）。

5.2 観察者は、すべての子どもが男女どちらかに偏る活動や場がないかを見定める（例：木工台、ままごとコーナーで人形をあやす、身体を大きく動かす遊び）。偏りがないことが通常のことになっていれば、評点を与える。もし、何かの活動がどちらかで占有されてしまい、排除的になっているのに保育者がそのことに対応しない場合、評点は与えられない。何かとくに方策が取られているかどうかについては質問をする（例：特定の時間は女児が大型固定遊具で遊ぶことにする）。とはいえ、質問に対しとくに気にかかる答えが返ってきたのでなければ、保育者と子どもの言動に基づいて判断する。

5.3 もし、適切な衣装はあるがしまってあり、毎日子どもが使えるようになっていなければ、計画を確認するか、どの程度使えるのかについて質問をしなければならない。ジェンダーにこだわらないことを目指す衣装が週に2回以上使えるのなら、評点を与える。

7.1 もし1例以上観察されたら評点を与える。見て取れる例とは、古典的な性別役割にとらわれないような本を読んでいたり、それについて話し合ったりしていることである。もしステレオタイプでない本や教材／遊具があっても、それらを使っていないようであれば、「これらは何か目的があってのものですか？」や「これらをどのように保育に取り入れていますか？」などの質問をする。子どもがジェンダーについて話し合うきっかけになるような活動が計画の中にあれば評点を与える（資料の中に最低1例あればよい）。

7.2 もし観察されなかった場合は、質問をして判断する（例：「"これは男がする仕事の道具だから"女の子は使えない、というようなことを言われた子どもがいたら、どうしますか？」）。あるいは、子どもが偏見を示すようなことを言ったときにどうするかについて質問をする。特別気になるような答えでない限り、この指標は観察されたことがらについて判断されるべきである。

7.3 もし男性保育者が園で雇用されていなかったら、年に最低3回、男性講師を招いて子どもと活動するのであれば評点を与える。

▲3.2 男の子も女の子もままごとで遊ぶ。

▲7.3 男性保育者がいる。

サブスケール4 ▶ 多様性

項目15　異なる民族・文化の尊重

〈不適切〉1

1.1　本、絵や写真、小さなフィギュア（例：レゴ）、人形、展示などで社会や世界の民族の多様性を示すものがほとんどない。＊　展示

1.2　否定的、ステレオタイプ、攻撃的なイメージを与えるものが子どもの見えるところにある（例：アフリカ人あるいはアフリカ系アメリカ人のステレオタイプのイメージ、ネイティブ・アメリカンが斧を持って脅している、など）。　展示

2

〈最低限〉3

3.1　子どもは、多数派民族以外からの文化を楽しめるような遊具や教材などを遊びに取り入れることがある。＊　計画　展示　記録

3.2　本、絵や写真、小さなフィギュア、人形、展示は、さまざまな民族出身の人がいることを示している。＊　展示

4

〈よい〉5

5.1　多様な文化を背景とした遊具や教材で遊ぶ（例：適切でステレオタイプでない晴れ着、ごっこ遊びで使う調理用具や食器、楽器）。＊　（計画）

5.2　本、絵や写真、小さなフィギュア、人形、展示で、ステレオタイプではない形で、さまざまな民族出身の人がいることを示したものがある（例：科学者、医者、技術者、スーツを着たオフィスワーカー）。＊　展示

5.3　異なる文化の集団から来た人に多くの共通点があることを示すイメージや活動がある（例：同じであることを強調するようなイメージ、儀式や日常生活での共通性）。＊
　　　　　　　　　　　　　　　　　　　　　　　　　　　　　　　　　　　　計画　展示

5.4　保育者は、子どもや園の職員が偏見をみせたときに適切に介入する。＊　質問

6

〈とてもよい〉7

7.1　保育者は、異なる文化に対する理解を進めるような活動を行っていく（例：物事や人々の共通点と相違点について注意をひく、異なる文化を定期的に活動のテーマにする、文化が異なる訪問者や演芸人が来園する）。＊　計画　展示　記録　質問

7.2　相違点を理解することを進めるような特定の活動を行っていく（例：見た目はあまり違わない肌の色に合わせて絵の具を混ぜて塗ってみる）。＊
　　　　　　　　　　　　　　　　　　　　　　　　　　　計画　展示　記録　質問

7.3　文化的または言語的に違いのあるさまざまな講師を園で雇用するか、招いて子どもたちに教えてもらう。　質問

【注 釈】

1.1、3.1、5.1　これらのものはよく見え、子どもがすぐに使えるようなところになくてはならない。

3.1　このレベルでは、毎日使えなくてもよいが、しまってあったり借りてきたりする異なる文化のもの（例：調理用具や食べ物、衣装、楽器）が時々使われていることが明らかであれば評点を与える。たとえば、年間で異なる文化のお祭りがあり、それらに使うものが収納してある箱があったり、ままごとコーナーには異なる文化のものがあったりするなどである。教材／遊具は、多数派の文化以外に少なくとも２つの文化からのものに子どもが接することがなくてはならない（必ずしも毎日でなくてよい）。もし使われているのが観察できなかったら、収納されているものを見たり、計画・展示・記録を確認したりしなくてはならない。

3.2　少なくとも３例以上、民族、文化、宗教の多様性を示すようなものがあり、５つのカテゴリー（本、絵や写真、小さなフィギュア、人形、展示）の中から２つのカテゴリーにわたっていなくてはならない。もしクラスの中に多様性があるのなら、子どもたちの写真も１例として挙げられる。このレベルでは、土産物がステレオタイプのものであっても評点を与える（例：ある国の人の肖像が民族衣装を着たものだけ、アフリカを示すものが伝統的な地方のものだけ）。ただし攻撃的なイメージをもつものには評点を与えない。

5.1　評点を与えるには、異なる文化にお祭りなどでたまに接する以上のことがある証拠がなくてはならない（土産物や3.1レベルのこと以上）。人種の平等や多文化の受容は、園のあり方として涵養されていなくてはならない。２つ以上の文化に毎日接するようになっていなくてはならず、その他に最低２つの文化に接する機会があること（毎日でなくてよい）の証拠が求められる。計画に記載があれば、毎日の活動からお祭りを含めて幅広く多様な文化に接する証拠となる。

5.2　最低異なる３つのものが目に入ったり、使えたりしなくてはならない（５つのカテゴリーのうち２つ以上のカテゴリーから）。

5.3　似ているところと違うところがはっきりと計画や展示の中に示されていないといけない。子どもたちは、どの子どもも似たような日常を過ごしているというメッセージを受け取らなくてはならない（例：公園に行く、結婚式に出る）。計画か展示の中に２例以上が見出されなくてはならない。

5.4　もし偏見が見られないようなら、次のような質問をする。「１人の子どもが他の子どもに対して差別的な言動をとったときはどうしますか？」。この質問に対して慎重なアプローチがなされていることがわかれば、評点を与える。その子どもがとがめられてはならないが、その子どもが言ったりしたりしたことが不適切であったり間違っていたりしたことは伝えられなくてはならない。大人は、その時に適確な説明とよりふさわしいふるまいを示さなくてはならない。

7.1、7.2　活動を通して、どの程度、異なる文化に対して単なる認識ではなく理解し尊重することをねらっているかを見る。それぞれの指標に対して少なくとも資料や質問に対する回答から３例が見出されなくてはならない。

▲3.1　いろいろな国の文字が展示してあり、真似をしてみる。

▲3.2　肌の色の異なる人形がある。

スコアシート〈考える力〉

観察者名 〔　　　　　　　　　〕　観察日　　年　　月　　日（　曜）
園（所）名 〔　　　　　　　　　〕
保育室名 〔　　　　　　　　　〕　保育者名 〔　　　　　　　　　　　〕

文字と言葉

1．環境の中の文字　　　　　　　　　　　　　　　1 2 3 4 5 6 7

1.1 □(はい) □(いいえ) 展示　　3.1 □(はい) □(いいえ) 展示　　5.1 □(はい) □(いいえ) 展示　　7.1 □(はい) □(いいえ)
1.2 □ □ 展示　　　　　　3.2 □ □　　　　　　　5.2 □ □　　　　　　　7.2 □ □
　　　　　　　　　　　　3.3 □ □ 展示　　　　5.3 □ □　　　　　　　7.3 □ □

2．本と読み　　　　　　　　　　　　　　　　　　1 2 3 4 5 6 7

1.1 □(はい) □(いいえ)　　　3.1 □(はい) □(いいえ)　　5.1 □(はい) □(いいえ)　　7.1 □(はい) □(いいえ)
1.2 □ □　　　　　　3.2 □ □　　　　　　5.2 □ □　　　　　　7.2 □ □
　　　　　　　　　　3.3 □ □　　　　　　　　　　　　　　　　7.3 □ □

3．子どもと本を読む　　　　　　　　　　　　　　1 2 3 4 5 6 7

1.1 □(はい) □(いいえ) 計画 質問　　3.1 □(はい) □(いいえ) 計画 質問　　5.1 □(はい) □(いいえ)　　7.1 □(はい) □(いいえ)
　　　　　　　　　　　　　　3.2 □ □　　　　　　　　　5.2 □ □　　　　　7.2 □ □ 展示
　　　　　　　　　　　　　　　　　　　　　　　　　　　　　　　　　　　　7.3 □ □

4．言葉の音　　　　　　　　　　　　　　　　　　1 2 3 4 5 6 7

1.1 □(はい) □(いいえ) 計画 質問　　3.1 □(はい) □(いいえ) 計画 質問　　5.1 □(はい) □(いいえ)　　7.1 □(はい) □(いいえ) 計画
　　　　　　　　　　　　　　3.2 □ □　　　　　　　　　5.2 □ □　　　　　7.2 □ □ （計画）

5．必要に迫られて書く　　　　　　　　　　　　　1 2 3 4 5 6 7

1.1 □(はい) □(いいえ)　　　　　　3.1 □(はい) □(いいえ)　　　　　5.1 □(はい) □(いいえ)　　7.1 □(はい) □(いいえ)
1.2 □ □ 展示 記録　　3.2 □ □　　　　　　　　5.2 □ □　　　　　7.2 □ □ 展示 記録（計画）
　　　　　　　　　　3.3 □ □ 展示 記録　　5.3 □ □　　　　　7.3 □ □ 展示

6. 話すことと聞くこと　　　　　　1 2 3 4 5 6 7

　　　はい いいえ　　　　　　　　　　　はい いいえ　　　　　　　　　はい いいえ　　　　　　　　　　　　　　はい いいえ
1.1 ☐ ☐　　　　　　3.1 ☐ ☐　　　　　　5.1 ☐ ☐（計画）　　　7.1 ☐ ☐

1.2 ☐ ☐　　　　　　3.2 ☐ ☐　　　　　　5.2 ☐ ☐　　　　　　　　7.2 ☐ ☐ 計画

　　　　　　　　　　　　　　　　　　　　　　　5.3 ☐ ☐　　　　　　　　7.3 ☐ ☐

　　　　　　　　　　　　　　　　　　　　　　　　　　　　　　　　　　　7.4 ☐ ☐

数　量　形

7. 数える　　　　　　　　　　　　1 2 3 4 5 6 7

　　　はい いいえ　　　　　　　　　　　　　はい いいえ　　　　　　　　　　　はい いいえ　　　　　　　　　　　　はい いいえ
1.1 ☐ ☐ 計画 展示 記録 質問　3.1 ☐ ☐ 計画 展示 記録 質問　5.1 ☐ ☐（計画）（展示）（記録）　7.1 ☐ ☐

1.2 ☐ ☐　　　　　　　　　　　　3.2 ☐ ☐　　　　　　　　　　　5.2 ☐ ☐　　　　　　　　　　　　7.2 ☐ ☐ 計画

　　　　　　　　　　　　　　　　　　3.3 ☐ ☐ 展示　　　　　　　　　5.3 ☐ ☐　　　　　　　　　　　　7.3 ☐ ☐ 計画

　　7.4 ☐ ☐

8. 簡単な数字　　　　　　　　　　1 2 3 4 5 6 7

　　　はい いいえ　　　　　　　　　　　　はい いいえ　　　　　　　　　　　はい いいえ　　　　　　　　　　　　　はい いいえ
1.1 ☐ ☐ 計画 展示 記録　　　3.1 ☐ ☐ 展示　　　　　　　　　5.1 ☐ ☐（展示）（計画）（記録）　7.1 ☐ ☐（展示）（計画）（記録）

1.2 ☐ ☐ 展示　　　　　　　　3.2 ☐ ☐ 計画 展示 記録　　　5.2 ☐ ☐　　　　　　　　　　　　7.2 ☐ ☐ 展示 計画 記録

　　　　　　　　　　　　　　　　　3.3 ☐ ☐

9a. 形　　　　　　　　　　　　　　1 2 3 4 5 6 7 無回答

　　　はい いいえ　　　　　　　　　　　はい いいえ　　　　　　　　　　はい いいえ　　　　　　　　　　　　　　はい いいえ
1.1 ☐ ☐ 計画 展示 記録　　3.1 ☐ ☐　　　　　　　　　　5.1 ☐ ☐　　　　　　　　　　　　7.1 ☐ ☐（計画）（記録）（展示）

　　　　　　　　　　　　　　　　3.2 ☐ ☐　　　　　　　　　　5.2 ☐ ☐　　　　　　　　　　　　7.2 ☐ ☐ 計画 記録 展示

　　　　　　　　　　　　　　　　3.3 ☐ ☐ 計画 展示 記録　　　　　　　　　　　　　　　　　　　　　7.3 ☐ ☐ 展示 計画 記録

9b. 分類・対応・比較　　　　　　　1 2 3 4 5 6 7 無回答

　　　はい いいえ　　　　　　　　　　　はい いいえ　　　　　　　　　　はい いいえ　　　　　　　　　　　　はい いいえ
1.1 ☐ ☐ 計画 展示 記録　　3.1 ☐ ☐　　　　　　　　　　5.1 ☐ ☐（計画）　　　　　　　7.1 ☐ ☐

　　　　　　　　　　　　　　　　3.2 ☐ ☐ 計画 展示 記録　　5.2 ☐ ☐　　　　　　　　　　7.2 ☐ ☐

　　　　　　　　　　　　　　　　3.3 ☐ ☐　　　　　　　　　　5.3 ☐ ☐　　　　　　　　　　7.3 ☐ ☐ 計画

スコアシート《考える力》

科学と環境

10. 自然物　　1 2 3 4 5 6 7

1.1 はい☐ いいえ☐　　3.1 はい☐ いいえ☐　　5.1 はい☐ いいえ☐ 計画 展示　　7.1 はい☐ いいえ☐ （計画）（展示）

　　　　　　　　　　3.2 ☐ ☐　　　　　　　5.2 ☐ ☐　　　　　　　　7.2 ☐ ☐ 展示 質問

　　　　　　　　　　　　　　　　　　　　　5.3 ☐ ☐　　　　　　　　7.3 ☐ ☐ 計画 展示 記録

11. 科学にまつわる体験　　1 2 3 4 5 6 7

1.1 はい☐ いいえ☐　　3.1 はい☐ いいえ☐　　5.1 はい☐ いいえ☐　　7.1 はい☐ いいえ☐

　　　　　　　　　　3.2 ☐ ☐ 展示　　　　　5.2 ☐ ☐　　　　　　　7.2 ☐ ☐ 展示

　　　　　　　　　　3.3 ☐ ☐　　　　　　　5.3 ☐ ☐　　　　　　　7.3 ☐ ☐

　　　　　　　　　　　　　　　　　　　　　　　　　　　　　　　　7.4 ☐ ☐

12a. 無生物　　1 2 3 4 5 6 7 無回答

1.1 はい☐ いいえ☐ 計画 展示 記録　　3.1 はい☐ いいえ☐ 計画 展示 記録　　5.1 はい☐ いいえ☐ 計画 展示 記録　　7.1 はい☐ いいえ☐ （計画）（展示）（記録）

　　　　　　　　　　　　　　　　　3.2 ☐ ☐　　　　　　　　　　　5.2 ☐ ☐　　　　　　　　　　　7.2 ☐ ☐ 計画 展示 記録

　　　　　　　　　　　　　　　　　　　　　　　　　　　　　　　5.3 ☐ ☐　　　　　　　　　　　7.3 ☐ ☐

　　　7.4 ☐ ☐

　　　7.5 ☐ ☐

　　　7.6 ☐ ☐

12b. 生物　　1 2 3 4 5 6 7 無回答

1.1 はい☐ いいえ☐ 計画 展示 記録　　3.1 はい☐ いいえ☐ 計画 展示 記録　　5.1 はい☐ いいえ☐ 計画 展示 記録　　7.1 はい☐ いいえ☐ （計画）（展示）（記録）

　　　　　　　　　　　　　　　　　3.2 ☐ ☐　　　　　　　　　　　5.2 ☐ ☐　　　　　　　　　　　7.2 ☐ ☐ 計画 展示 記録

　　　　　　　　　　　　　　　　　3.3 ☐ ☐　　　　　　　　　　　5.3 ☐ ☐　　　　　　　　　　　7.3 ☐ ☐

　　　7.4 ☐ ☐

　　　7.5 ☐ ☐

　　　7.6 ☐ ☐

12c. 食育　　1 2 3 4 5 6 7 無回答

1.1 はい☐ いいえ☐ 計画 展示 記録 質問　　3.1 はい☐ いいえ☐ 計画 展示 記録 質問　　5.1 はい☐ いいえ☐ 計画 展示 記録 質問　　7.1 はい☐ いいえ☐ 計画

　　　　　　　　　　　　　　　　　　　3.2 ☐ ☐ 計画 展示 質問　　　　　5.2 ☐ ☐ 計画 展示 記録 質問　　7.2 ☐ ☐

　　　　　　　　　　　　　　　　　　　3.3 ☐ ☐　　　　　　　　　　　　5.3 ☐ ☐　　　　　　　　　　　　7.3 ☐ ☐

　　　　　　　　　　　　　　　　　　　　　　　　　　　　　　　　　　5.4 ☐ ☐

多様性

13. 一人ひとりの学びの尊重　　　1 2 3 4 5 6 7

1.1 □はい □いいえ 計画 質問	3.1 □はい □いいえ 計画 質問	5.1 □はい □いいえ 計画 質問	7.1 □はい □いいえ 質問 計画
1.2 □ □ 計画	3.2 □ □ 計画	5.2 □ □ 計画	7.2 □ □ 計画
1.3 □ □ 計画	3.3 □ □ 記録	5.3 □ □ 記録	7.3 □ □ 計画 記録 質問
1.4 □ □ 記録	3.4 □ □	5.4 □ □ （展示）	7.4 □ □ 計画 展示 記録

14. ジェンダー　　　1 2 3 4 5 6 7

1.1 □はい □いいえ 展示	3.1 □はい □いいえ 展示	5.1 □はい □いいえ 展示	7.1 □はい □いいえ 計画 質問
1.2 □ □	3.2 □ □	5.2 □ □ （質問）	7.2 □ □ 質問
		5.3 □ □ （計画）（質問）	7.3 □ □ 質問

15. 異なる民族・文化の尊重　　　1 2 3 4 5 6 7

1.1 □はい □いいえ 展示	3.1 □はい □いいえ 計画 展示 記録	5.1 □はい □いいえ （計画）	7.1 □はい □いいえ 計画 展示 記録 質問
1.2 □ □ 展示	3.2 □ □ 展示	5.2 □ □ 展示	7.2 □ □ 計画 展示 記録 質問
		5.3 □ □ 計画 展示	7.3 □ □ 質問
		5.4 □ □ 質問	

全体スコアと平均スコア

サブスケール	項目スコア合計	評定した項目数	平均スコア
文字と言葉			
数量形			
科学と環境			
多様性			
全体スコア	（スコアの総合計）ⓐ	（評定項目数合計）ⓑ	（総合計ⓐ÷項目数ⓑ）

プロフィール〈考える力〉

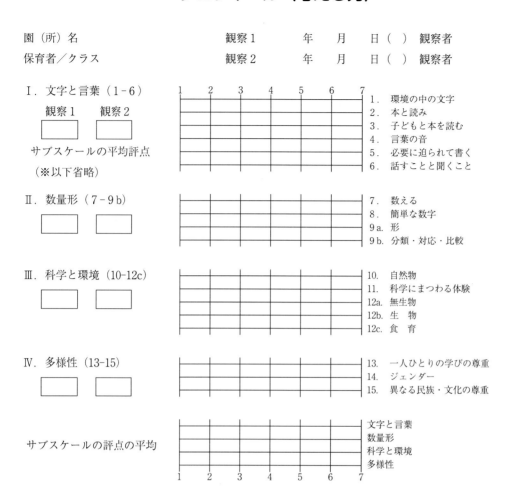

付録1 ▶ 園内（公開）研修の手引き

1. 準備物　　　スコアシート（pp.38-41）のコピー×人数／部
　　　　　　　　共同観察用シート（p.44）のコピー×人数／部
　　　　　　　　プロフィール（p.42）のコピー×人数／部
　　　　　　　　スケールは参加者が各自1冊持ちます。
　　　　　　　　　（＊スケールの本のコピーは違法ですのでご遠慮ください。）

2. スケジュール　保育が最も活発に行われている午前中3時間の観察が基本ですが、研修の場合は状況に応じて多少の柔軟性を持たせましょう。
　　　　　　　　観察に集中するために写真撮影は原則禁止です。
　　　　　　　　必要と状況に応じ、主催者は写真のための時間を別途設定します。
　　　　　　　　観察終了後に検討会を行います。
　　　　　【例】　8時半集合　スコアシートの表紙に必要な情報を記入する。
　　　　　　　　　　　　　　その他、主催者より連絡・注意事項を伝える。
　　　　　　　　9時　　　　観察開始
　　　　　　　　12時　　　 観察終了
　　　　　　　　　〈昼食休憩〉
　　　　　　　　13時　　　 検討会開始
　　　　　　　　15～16時　 検討会終了

3. 検討会の進め方
① 1人がリーダーとなり、全員がお互いに顔が見えるかたちで座る。
　＊リーダーは、至適規準を持つ人が望ましいが、グループの中で最もスケールについて経験のある人が妥当です。しかしある程度スケールに慣れてきたら交代でリーダーを務めることもよい経験になります。
② 項目ごとに、指標などわかりにくいことや確認したいことがあれば質問する。
③ 点数を順に言い合う。リーダーは最後に言う。
④ リーダーが適宜指名し、指名された人は点数の根拠を伝える。
⑤ 最後にリーダーがその項目についての合意点を判断し、その根拠を伝える。
　＊このときは平均点を出すという方法ではなく、全員の話し合いで納得のいく点数となるようにします。
　＊合意の点数の±1点は同点とみなし、各自が該当の欄に✓を入れます。このチェックの数を項目数で割ったものがその人の「信頼性」の度合いです。

4. ポイント　　観察後の話し合いは誰もが率直に自分の意見を言える場としましょう。
　　　　　　　この話し合いが充実することが「点数を出す」ことよりはるかに大切なことです。

付録2 ▶ 共同観察シート （観察者間信頼性確認）

日　付													
観察園（所）					クラス								
観察者												合意	±
文字と言葉													
1．環境の中の文字													
2．本と読み													
3．子どもと本を読む													
4．言葉の音													
5．必要に迫られて書く													
6．話すことと聞くこと													
数量形													
7．数える													
8．簡単な数字													
9a．形													
9b．分類・対応・比較													
科学と環境													
10．自然物													
11．科学にまつわる体験													
12a．無生物													
12b．生　物													
12c．食　育													
多様性													
13．一人ひとりの学びの尊重													
14．ジェンダー													
15．異なる民族・文化の尊重													
全体スコア													
±1の範囲での一致の％													

解説1　ECERSを自己評価と保育の質の向上のツールとして使う

　ECERS-RとECERS-Eは、園内で保育の質を向上させるためのツールとしての利用だけではなく、以下のことがらを実行している根拠として対外的に利用できます。
- 自己評価
- 省察的な実践
- 質の向上計画

園レベルでの取り組み

　イギリスのEPPE研究で、ECERS-RとECERS-Eで測定された保育の質と3～5歳の子どもの認知的および社会／行動的発達のアウトカムを関連づけたテクニカル・ペーパーが出版されて以来[*1]、ECERS-Eに関する問い合わせがイギリス国内だけでなく、世界中から殺到しました。問い合わせに対して「何のためにスケールを使いたいのか？」と尋ねると、大半の返答は、自分たちの幼児教育施設の自己評価のツールとして、あるいはそこでの研究ツールとして使いたいというものでした。

　そこで私たちのチームは、訓練を受けないままスケールを使うとどうなるかについて議論しました。スタッフが一般的な専門的訓練を十分に受けていない場合の使用について危惧しました。その場合、何らかの基準に沿っての建設的な支援が必要となることは確かです。客観的な妥当性確認や調整が無いことで、施設が何の比較基準も持たず〈よい・とてもよい・要改善〉と自己流に評価することも危惧されます。

　これらの懸念から、3年間のEarly Excellence Center（以下、EEC）評価調査の一部として、国内の2施設[*2]でECERS-RとECERS-Eを用いました（Siraj-Blatchford 2002a, 2002b）。その2施設では、園長と主任の協力の下、ECERS-RとECERS-Eを自主研修ツールとして用いました。

　はじめに、全スタッフが1日がかりで「質」の意味について、固有の文化に基づく側面と普遍的側面（たとえば、子どもに対して敬意を持って接する、子どもに危害を加えたり叩いたりしない等）があることを学びました。次いでECERS-RとECERS-Eが紹介され、ECERS-Rのビデオとトレーニングガイド[*3]を用いて、スケールに熟達した研究者から指導を受けました。

　スタッフは、自分たちの評定を比較し議論する時間を与えられ、ペアになって自分たちで2つのスケールを使うように求められました。フォローアップ用の半日セッションでは、スタッフは自分たちの気付いたこと（同意したことと異議のあったことを含めて）を報告しました。

　3年間にわたり、スタッフは自分たちが重ねた議論とスケールの利用方法の進歩について、定期的に報告しました。彼らは、保育者とは比較的関わりの薄い家具や展示などの項目を評定することから始めるとやりやすいことに気づきました。この過程で彼らは、評定後に行う**議論**こそが、最も有用なアウトカムを生み出すことを学びました。議論を通して、彼らは「良い実践とは何か」について合意を形成することができました。スタッフが推奨したのは、それぞれの評定者が（同じものを別々に観察した）自分の評定について語り、その後ただちに自分たちの評定を比較して、なぜ自分たちの捉え方がときどき異なるのかについて議論することです。自分たちの評定と議論に自信をつけるにつれて、彼らは自園と自分の実践についてより批判的になり、またときにスケールのいくつかの側面についてもより批判的になることがありました。これらの変化はすべて生産的なものとして捉えられ、彼らの観察はほとんどの場合、肯定的な行動につながりました。たとえば、Thomas Coram EECでは、［サブスケール：言葉

と思考力］について自園を評定した後、次のような行動をとることにしました。

6ヶ月以内
- すべてのスタッフを対象に、オープンエンドの問いの使い方の習熟に焦点を合わせ、子どもたちとの会話を持続させるための園内研修の機会を提供する。
- 3～5歳の子どもたちが使用する保育室の中に、リスニング・エリアをつくる。

1年以内
- 家、お店、病院その他、いろいろな場面を設定して遊びこめるように、ごっこ遊び用の服の種類と枚数を増やす。

　これと同様に、Gamesley EEC では ECERS-R の［サブスケール：個人的な日常のケア］を評定した後、スタッフは〈項目9・登園／降園〉についてある判断を下しました。ナーサリーで保護者と子どもを迎え入れる段取りはよく体系化されていると感じたものの、昼までに降園することで、午後にある重要な"お話の時間"の機会を失う子どもたちがいることを気にするスタッフがいたのです。また、保護者と話したり、情報を共有したりする時間が充分に取れていないと感じるスタッフもいました。

　「すべてが慌ただしく、それぞれの保育者が異なる保育室に移動して小集団でのお話の時間に向かうなかで、保護者は自分の子どもを探さなければならない」　　　　（リン・ケニントン園長, Gamesley EEC）

　スタッフ間で、降園時間をどのように改善するかについて、激しい議論が繰り広げられました。
　実際にとられた行動：午後に施設を訪問する子どもの登降園の時間が変更されました。このセッションは、もともとは午後12時45分に始まって午後3時15分に終わっていました。今は、お話の時間を小さなグループに分けておこなうかわりに、ナーサリーのすべてのグループが集まって一緒に大きなグループでお話を聞きます。スタッフは持ち回りでお話を読み聞かせ、保護者はこのグループから自分の子どもを見つけます。こうすることで、保護者は自分の子どもをどこで探せばよいかが分かり、読み聞かせ担当でない保育者は保護者とその子どもについて情報を共有する時間を得ます。その結果、お話の時間は中断されることがなくなり、スタッフと保護者が子どもについて話し合う機会が生まれました。
　両センターは、ECERS-R と ECERS-E の指標につけられている"例"を記録し、議論していました。彼らは、一定の行動について合意を形成し、それを実行しました。彼らは、起こした変化を注意深く監視し、その結果は記録され再検討されました。この発展的な取り組みを通してスタッフは、子どもの幸福と学びについて振り返り、計画し、注意深くみることが出来ました。これらの取り組みは、両センターで進行中の「保育の質の向上の計画と方針」の重要な一部になりました。
　そのような取り組みを2年間続けた後、両センター長は以下のような外部妥当性検証演習に参加することに同意しました。その演習では、訓練を受けた研究者が各センターを訪問し、センターについての事前知識無しに、ECERS-R と ECERS-E の両方を使って保育環境の質を評定しました。両センターは2つのスケールで平均6点をとり、どちらのスケールでも「よい」と「とてもよい」の間に位置しました。どちらの施設でもスケールの使用は継続しており、また、3歳未満の子どもへの保育実践についての自己評価と改善に取り組むために ITERS（邦訳『保育環境評価スケール②乳児版』）の検討もおこなっています。
　これらの経験から、何が学ばれたでしょうか？　年間定期評価の一環のインタビューで、両園長はこの取り組みを非常に真剣におこなっていることをはっきりと述べています。なぜこの取り組みを自園で

引き受けたのかを尋ねられて、Thomas Coram EEC のバーナディット・ダフィー園長はこう答えています。

「これは客観的であるだけの勇敢さをもち、自分に厳しく自己批判的であるということなのです。」

Gamesley EEC のリン・ケニントン園長はこのように答えています。

「議論をする過程が最高です。かなり高い評定スコアを得ていますが、私たちは測定されているものよりもずっと良い保育ができるはずです。スタッフとしてわれわれは満足しきっているということはなく、もっと良くなれると感じています。」

以上のことを踏まえると、以下の基準が達成されている限りにおいて、ECERS は就学前施設やレセプションクラス[*4]にとって効果的な自己評価と改善のツールとして利用できることは明白です。

- 質的基準（定義と文化的差異）とスケールの利用方法や役割について、厳密なトレーニングが行われる。
- このような性質の取り組みを進めるには、施設内に一定数の省察的保育実践者が必要であると認識されている。
- 客観的な基準に基づいて判断できる人が、新たな取り組みを支援する（関係者、たとえば自治体の指導主事や高等教育機関の代表者。Gamesley EEC と Thomas Coram EEC の場合は外部評価者がその役割を果たした）。
- 訓練を積んだ信頼性のある評定者による"準備なしの"外部評価を進んで受けようとする。

ECERS を利用することに時間とエネルギーを注いでくださり、ECERS を幼児教育・保育施設の自己評価ツールとして最大限活用するにはどのようにすればよいかについて、私たちの理解が深まる大きな助けとなってくださった、Gamesley EEC と Thomas Coram EEC のスタッフと園長先生に感謝いたします。

州／国レベルでの改善

ECERS-R と ECERS-E は、明確で具体的な筋道を示す力強いツールを提供することで、質向上の取り組みを実行しようとしているリーダーや保育実践者を支援することができます（参照 Mathers et al. 2007）。OFSTED[*5] による監査を受けるイギリスの施設では、このことはとくに重要です。監査を待つ間、乳幼児施設のリーダーは自己評価票を記載して情報提供をしなければならず、そのような立場のリーダーが自分たちの"質向上への道のり"を図表で示す際、ECERS は計り知れない手助けをしてきました。それだけでなく、スケールは州／国レベルの乳幼児期の方略や計画にも大きな恩恵をもたらします。イギリスでは、ECERS-R と ECERS-E は、以下のことを広く支援する目的で利用されています。

- 質向上と自己評価：園と協力して助言者や相談者が質向上のために重要な項目を特定する。
- 質保証：それ自体を質保証枠組みとして用いたり、従前の方法に加えたりする。
- 予算計上や研修／トレーニング、支援の優先順位をつけるために、州／国レベルで情報提供する監査報告書として利用し、州／国の地域ごとの質の傾向を地図上に示す。
- 変化を測定する：たとえば、新しい施策の影響を評価する。

次に、両 ECERS スケールが、地域レベルでいかに効果的に利用されてきたかを説明します。イギリ

スは154の地方自治体に分割されており、すべての自治体は乳幼児施設に関する全国的な法律や規制（例：ナショナルカリキュラム、国家安全規制等）を遵守しなければならない一方、そうした国家基準をどのように運用し、実現するかについてはいくらかの裁量を持っています。各州がそれぞれ独自の基準を設定できて、地方自治体がより柔軟性をもつアメリカとはかなり状況が異なります。NAEYCは全国的に有効な公認プログラムを持ちますが、これは任意のものです。量的な拡大や質的向上を果たした乳幼児教育・保育に対して、より多くのお金を州に直接供給したり、税優遇という形で間接的に金銭的援助を行う、連邦政府の制度があります。これにより、将来的には、州の境界を越えて、よりまとまりのある一連の基準につながるかもしれません。

アメリカの州レベルでECERSを活用する方法を端的に示すのは、以下の2つの簡潔な例で示すような、イギリスの地方自治体が現在利用している方法かもしれません。1つ目の例はダービーシャーで、イギリスの北方の、かなり経済的に貧しい地域にあります。2007年にダービーシャーは5歳未満児人口が4万人でした[*6]。ダービーシャーの現地監査官は、施設と協力して監査にあたっており、ECERS-RとECERS-Eを質向上のツールとして利用していました。スケールの国際的評価に魅力を感じたこの地方自治体は、300の公立校とさらに300の私立・非営利・独立系の施設に段階的にECERSを本格展開する1年目にあります。

「われわれの学校や施設において省察的な実践を奨励し、保育実践者間で知識と自信を積み上げるための次の一歩として、われわれはスケールに可能性を見出しました。スケールは、施設に自分たちの良さ／強みを明確に示し、どの部分については変化しなければいけないかを示唆し、どのようにそこへ向かえばいいのかを教えてくれるツールです」

（スー・リケント、上級指導者、教育改善、ダービーシャー議会）

同様に、サリー[*7]の2007年の5歳未満児人口は5万2,200人[*8]ですが、地方当局の乳幼児サービス課では500ある私立・非営利・独立系の施設に対する全地区監査の一部としてECERS-RとECERS-Eを用い、支援を必要とする施設を特定したり、施設の改善を測定したりしています。自己評価プロセスの一環として、施設リーダーはそのスタッフと相談の上、スケールを用いて目標を設定し、保育環境の質を向上するための行動計画を立てるよう期待されています。

ECERS-RとECERS-Eの使用は、地方自治体レベルでも園レベルでも、透明性をもち、包摂的で、スタッフが関与し彼らを力づける肯定的な経験として作用し、スタッフの優れた実践を目指す熱意を活かしたものになるべきです。

［訳注］
＊1　特に認知的アウトカムの予測に有用であった―［導入］参照。
＊2　ダービーシャーにあるGamesley Early Excellence Centerと、ロンドンにあるThomas Coram Early Excellence Center。
＊3　Teachers College Press（Harms & Cryer 2006）発行。
＊4　原則的には学期中に満5歳になる子どもが入る、小学校の1年生になる前の就学準備クラス。生まれ月によって所属する学期数が異なる。
＊5　教育基準局（Office for Standards in Education）。
＊6　国家統計局参照（www.statistics.gov.uk）。
＊7　イギリス南部にある比較的裕福な地域。
＊8　6に同じ。

| 解説2 | イギリスの幼児教育カリキュラムに基づいた実践のアセスメント |

イギリスの幼児教育カリキュラム

　幼児教育の場面ではそれぞれのカリキュラムが適用されています。どのカリキュラムも、子どもの発達過程や、その社会や文化が子どもの成長を形作るやり方（家族、保育施設、地域を通して）に基づいています。理論的根拠が明確なものもあれば（例：ハイ・スコープ[*1]、クリエイティブ・カリキュラム[*2]、Tools of Mind[*3]）、子どもの発達とその社会の子育てのやり方に基づいたものもあります。

　ECERS-E はどのカリキュラムも想定することなく開発されました。アセスメントの実行の方針は児童心理学、社会的・文化的・教育的実践から引き出されました。ECERS-E の著者のバックグラウンドは心理学、社会学、幼児教育学で、項目や指標の作成にあたってはこれらすべての知見が引かれました。何百人もの保育実践者、イギリスとアメリカ（とくにアメリカの状況に対応させる際）両国の社会科学者が協力してエクステンションの開発にあたりました。

　私たちはイギリスでの調査で ECERS-R の使用を重ねており、集団保育の質の総合的な評価（7段階法）を行うには大変有効であるという確信を強めてきました。しかしながらイギリス政府は1990年代半ばより3歳～就学前の子どもの"コミュニケーション・言語・読み書き""算数の発達""世界についての知識と理解"に関して特定領域を設けた新しいカリキュラムを開発し始めました。そこで私たちは幼児期の専門家との協議を経て、これら3項目に"多様性"を加えた新たな4つのサブスケールを ECERS-R に付け加え、イギリスの多くの教育実践で認知的発達を形成しているとされる方法をしっかりと測定できるようにすることを決めました。

ECERS-E の背景にあるもの

　保育施設の質を測定する研究者という立場から、私たちは研究論文で"励ます enhancing"や"支える supporting"と記述されるような、学びの経験により迫ったスケールとして、ECERS-R のエクステンションを作り始めました。ECERS-R は、1980年代に端を発する"発達にふさわしい実践 Developmentally Appropriate Practice = DAP[*4]"に基づいています。ECERS-E はこの ECERS-R と併用するものとして開発されました。DAP は広範囲な子どもの発達をカバーし支えることを目的としています。そしてイギリスのカリキュラム（QCA 2000）は近年の研究、とりわけ読み書きや算数、科学、多様性と文化の役割の分野で"必要に迫られる emerging"発達について、およびその際に大人がどのように子どもを支えるかについての研究成果に依拠しています（DfES 2007a；Evangelou et al. 2009）。

　ECERS-E の背後には、とくに、大人とのやりとりを必要とする、幼い子どもの認知的な発達を下支えする学びの機会についての文献が豊かにあります。ECERS-E 全体を通して項目や指標は、大人がどのように子どもの学びの"はしごかけ"をするか（Rogoff & Lave 1999；Wood et al. 1976）、子どもの言語を"広げる"か（Snow 2006）、"ともに考え、深め続ける"か（Siraj-Blachford et al. 2003）、子どもの個別的なニーズに応えるかについての研究に影響を受けました。文献は、観察による評価スケールを用いてアセスメントが可能になる、学びと発達についてのサポートの概念化に私たちを導いてくれました。

ECERS-Rの追加項目＝ECERS-E

　ECERS-Rも"必要に迫られる"学力的スキルを育てる環境を測定していますが、その項目と指標は、イギリスの幼児教育カリキュラムで細かく示されている程度ほどには立ち入って記述されてはいません。たとえば、読み書き、算数、文化的・科学的思考について、野心的ともいえるイギリスの幼児教育カリキュラムに沿うほどには細かく記されておらず、これらについてはECERS-Eで別のサブスケールを設けることにしました。4番目のサブスケール［多様性］については、どの子どものジェンダー、文化的／民族的グループ、多様な能力のレベルも尊重するように、3つの認知的分野として区分けし、その質が測定できるようにしました。イギリスのナショナルカリキュラムやアメリカの各州で採用されている多くのカリキュラムとの違いにもかかわらず、また諸国で規定されているカリキュラムの違いを超えて、ECERS-Eは子どもの認知的発達を育む基盤的な状況の質を測定することができると私たちは信じています。ECERS-Eが特定のカリキュラムに依拠していないことは強みの1つであり、とりわけアメリカおよび他国での使用にふさわしいものです。

　イギリスの就学前のナショナルカリキュラムであるEarly Years Foundation Stage（＝EYFS）カリキュラム（DfES 2007a）[*5]にはほかに3つの発達の領域が含まれています——創造性の発達、身体的発達、人格的・社会的・情緒的発達——。これらの非認知的分野にまつわる環境の質については、ECERS-Rで測定できます。したがってECERS-Eには含まれていません。ECERS-Eは、最初からECERS-Rの追加項目として想定されており、置き換わるものではありません（Soucacou & Sylva 2010）。

"必要に迫られる"を支える

　ECERS-Eのサブスケールの1つを取り上げて、どのようにしっかりとした調査結果に基づいているかをお示しします。［サブスケール：文字と言葉］はWhitehurstとLoniganの研究（1998）に基づいていますが、そこで"必要に迫られる読み書き"とは"発達的に読むことと書くことの前触れであるスキル、知識、態度"と定義されています。他の研究者によっても同様の概念化がされています（Sulzby & Teale 1991）。他の多くの必要に迫られた読み書きについての研究では、本を一緒に読んで中身について話し合うような、社会的な環境の重要性がいわれています。このように考えていくと、読みの能力の獲得は、とても幼いときから連続的に発生するものと定義づけられます。この考え方は、子どもが学校に行き始めてから突然読み始めるという考え方と正反対のものです（Storch & Whitehurst 2001；Whitehurst & Lonigan 1998）。必要に迫られた読み書きという考え方によれば、読みと読みの前段階を明確に区分できるものではなく、読み書きとは小学校に入る前からの"必要に迫られる"行動と関係しており、多くの異なる種類の相互関係や文章によって支えられているのです。このように、読み書きの獲得は小学校に入る前から連続して行われています。読み書きに必要な多くのスキルのはじまりは、家庭内でのやりとりや園での社会的なつながりのなかで、文字のあるやりとりにさらされることにあります（たとえば、本読みや、マクドナルドの看板やパッケージのような身の回りにある文字に目をひかれること）。

　必要に迫られる読み書きには、読み書きについての概念的な知識と、読み書きは実際にどのようなものであるかという知識が含まれます。子どもの「読むふり」と「書いているつもり」は、後の学校生活での正式の読み書きにつながる重要な先触れです（Mason & Stewart 1990；Senechal et al. 2001）。私たちは膨大な文献にあたり（必要に迫られた算数、科学、違いと多様性の理解についても同様に）、子どもの就学前での必要に迫られる読み書きを支える環境の指標を構成することの助けとしました。

上記のような理由で、ECERS-E は国ごとのカリキュラムの違いを超え、とくにアメリカではよく機能することが証明されたと私たちは信じています。特定のカリキュラムを念頭にイギリスで開発されたものではありますが、スケールが主張するところは、幼い子どもにとって良い実践と普遍的に求められていることに基づいているものなのです。スケールはこれまでアメリカとその他の保育の質を大切にする国で使いこなされてきましたが、今後もそうなるでしょう。

[訳注]
＊1　ピアジェの発達理論に基づく教育方法。
＊2　Teaching Strategy カンパニーの提案する教育方法。
＊3　ヴィゴツキーの発達理論に基づく教育方法。
＊4　Bredekamp & Copple（1997）。
＊5　2012年、2014年に改定。

解説3　イギリスの指導計画について

　イギリスが、アメリカやその他の国と最も事情が異なるのは、子どもの興味・関心やナショナルカリキュラムと関連させて、保育の活動や子どもの経験を明確に計画する度合いかもしれません。それに加え、子どもの達成や進歩を記録することが法的に義務づけられており、子どもの達成や進歩をモニターするための体系的な記録が求められています。幼年期の保育実践者に向けて国で定められた教育課程のガイドライン（QCA 2000）の導入に続き、子どもの達成についての公式の記録を保管することを保障することについての法的義務（QCA & DfES 2003）も定められました。子ども一人ひとりの達成に関するこの記録は、その子どもに関わるすべての保育者が以下のようであることを保障するためのものです。

- 子どもの発達段階を理解している（累積的記録）。
- 子どもの必要に応じて、適切な活動の保育計画を立てられる（形成的記録）。
- 他の保育者や保護者に重要な情報を正確に伝達できる。

　保育者がこのプロセスをうまく実践できるように支援するための政府機関が設立されました。その機関により、国の方針が日々の実践に反映されるために、保育者に対して、対面トレーニングとオンライン支援を提供します。すべての保育者は、子どもたちの"学びの環境"がよく計画され、よく整理されているとともに、子どもの発達を促すやりがいのある挑戦を保障しなければいけません。この"学びの環境"は、資源や組織、保育者の役割、そして子どもの思考や発達を刺激する機会として利用できるあらゆる体験、という観点から定義されます。これには、明確に計画された活動だけでなく、セッションの始まりと終わり、お話の時間、手洗い、片づけ、そして登降園などのルーティン【訳注：日常的に決まった活動】も含まれます。イギリスで良い指導計画とされるのは、すべての子どもの興味・関心、能力、文化、性別を踏まえた上で、学びの機会に沿った幅広くバランスのとれたカリキュラムを提供するものです。指導計画には、長期・中期・短期の計画があります。政府機関では指導計画についての助言を提供しますが、誰もが使わなければならない唯一の枠組みというものはありません。各園は、何が記録されるべきかという国のガイドラインを満たす限り、独自の指導計画を作成することができます。

　イギリスで ECERS 評定者が評定時に求めるエビデンスがどのようなものであるかを例示するために、2つの事例を紹介します。事例1は、保育者が指導計画を立てることを支援するためにイギリス政府が作成したサイトから引用したものです。情報は自由にダウンロードできますが、国家著作権があるため、イギリス政府の許可なく複製することはできません。国家著作権対象である事例1を、許可 No. C2010000736 に基づいて複写させてくださったことに感謝いたします。また、事例2を提供してくださった A$^+$Education のサンドラ・マザラスとフェイ・リンスキーにも感謝いたします。

　保育者は、担当する子どもの長期・中期・短期の指導計画を作成しなければなりません。大きな園では、保育者たちがそれぞれの経験を共有しながらグループ演習として行うことがよくあります。

長期計画

　長期の指導計画では、1年を通してのテーマと、それらが学びと発達の主要6領域とどのように関連するのかを示します。

　① 人格的・社会的・情緒的発達　Personal, Social, and Emotional Development（PSED）

② コミュニケーション・言語・読み書き　Communication, Language, and Literacy（CLL）
③ 創造性の発達　Creative Development（CD）
④ 身体的発達　Physical Development（PD）
⑤ 世界についての知識と理解　Knowledge and Understanding of the World（KUW）
⑥ 問題解決と論理的思考、数的感覚　Problem Solving, Reasoning and Numeracy（PSRN）

　長期の指導計画はかなり一般的なものになるかもしれませんが、中期の指導計画を立案する際の基盤を提供するものでなければなりません。長期の保育計画は、保護者に見えるようにしっかりと展示されるべきです。

中期計画

　中期の保育計画では、6週間の概略を示し、個別の活動や学びの領域に関する詳細を示します。研究が示してきたように（Siraj-Blatchford et. al. 2002）、最も成果を上げている園では、子ども主導の活動と保育者主導の活動のバランスがとれています。個別の子どもの関心に応じて立案された活動と、カリキュラム全体で統一の取れた計画がうまく調和するようにしましょう。

短期計画

　技量の高い保育者は、短期計画の中にこそ、個別の子どもの関心と必要をうまく組み合わせ、一定の期間内にすべての子どもが自分に関わりある状況のなかでスキルを発達させる確かな機会を組み込んでいきます。アセスメントの中心には、一人ひとりの子どもが置かれます。保育者は、体系的な観察と討議を通して、個別の子どもの長所や短所、興味を特定し、それらを学びと発達の主要6領域【訳注：PSEDなど、略語で表記されることが多い】に関連させていくのです。

事例1：女児C

● 次節の冒頭にある例では、女児C（以下C）のキィ・ワーカー（担当保育者）が、Cがトラクターに夢中になっていることを特定し、Cの6つの領域での発達をどのように支援し得るかを確かめました。Cが意欲的に取り組むことができそうな複数の活動を特定し、Cのための個別の計画を作成しました。それに加えて、Cの両親と相談し、Cのトラクターへの興味が家庭でも見られるものかを確認し、家庭で両親がトラクターへの関心を通してCの学びを支援できる方法を提案しました。この情報は、Cの個別保育計画に書き加えられました（図表3−1）。

● この詳細な指導計画立案は、**すべての子どもについて行います**。これらの情報が集められてはじめて、個別・小集団・クラス規模での子どもの必要に応じた活動を特定し、短期の指導計画を立案することができます。図表3−2に示す指導計画では、保育者主導の活動（A）を示します。表の中の**太字で書かれた**活動は、子どもの興味・関心に応じて計画された活動で、太字ではない活動は、カリキュラム全体でのバランスをとるために計画された活動であることを注記しておきます。Cの興味は、火曜日（模様描き）と水曜日（お話）、木曜日（サウンドトラック）に予定された保育者主導の活動に明らかに含まれています。

図表3-1 Cの個別指導計画

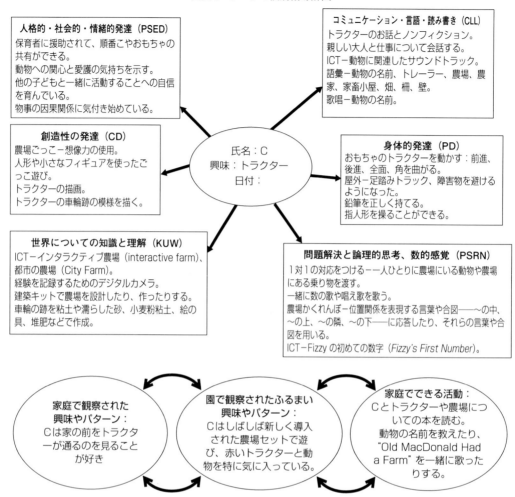

- 次に、図表3-2（B）に示すように自由遊びのなかで選べる毎日の活動も子どもたちの興味・関心を考慮しながら計画されます。

  ここでも、**太字で書かれた活動**は、記名された子どもの特定された興味・関心にとくに適うと考えられた活動であることを示します。Cの興味・関心には、トラクターを含む活動や、お話の時間に「農場」をテーマとした話を強調するという形で応じています。指導計画を立てる次の段階としては、これらの進行中の継続した活動にさらなる深みを加え、どの学びの概念に対処しているかを明確にすることです。

- 図表3-3の指導計画では、「食べ物と飲み物」「お話」という2つの進行中の継続した活動が拡大され、特定の学びの内容がより詳細に示されています。各活動での学びの焦点がより詳細に示され、それぞれの活動で焦点を合わせられるべき特定の子どもを強調します。たとえば、Cは火曜日のお話の活動で参加できるように特記されています。子ども主導の遊びに対する個別の子どもの応答は、その場では手書きでメモをとり、保育時間終了後に図表3-4のように、保育記録用紙に書き入れます。

図表3-2　保育者主導の活動（A）と子どもが自由に選べる活動（B）の指導計画

曜日	月	火	水	木	金
保育者主導の特別な活動、あるいは新しい活動 （A）	絵の具混ぜ Tuff Spot、 犬、"biscuits"	クラッカーを並べる、アボカドとトマト、胡椒、キュウリを切って味わう トラクターの車輪跡の模様を描く	野菜畑を耕す物語のごっこ遊び	音楽 CDプレイヤー-動物サウンドトラック	秋の日の散歩 クロワッサンとココア

	コーナーで継続的に提供（B）					
可塑性のある素材	小麦粉粘土、活動セット	粘土、道具、スポンジ	トウモロコシ粉と水	小麦粉粘土、カッター	乾性塗料
砂	**自由選択**	恐竜	トラクターと掘削機	車輪	穴の開いた容器
水	船と人々	緑色の水と容器	泡	リサイクル素材	**自由選択**
デザインと技術コーナー	板積み木	**農場と人形の家**	**自由選択**	電車セット	レンガ積み木
IT（情報技術）	Tizzy's Busy Week	Fizzy's Numbers	音楽に合わせて飛んだり跳ねたり	2 Simple paint	Alphabet soup
パズル、おもちゃ、ゲーム	Quack Quack game	人間パズル	本とおもちゃ	Cobble Road 数遊び	文字磁石
お話やグループの時間	"Little Farmer Joe"と数的韻唱	"Webster J Duck"と数的韻唱	"And the Good Brown Earth"と数的韻唱	"Handa's Hen"と音楽、数的韻唱	"Roaring Rockets"と数的韻唱
食べ物と飲み物	ミルク、リンゴ	ミルク、クラッカー、トマト、アボカド、キュウリ	ミルク、ニンジン	ミルク、バナナ	ココア／クロワッサン
園庭（天候に応じて活動は変える）	鋤、バケツ、種、くわ 大きな砂箱	大きな水遊び装置、水遊び	手押しトラクター 熊手、鋤	手押しトラクターとおもちゃ	手押し車、熊手、バケツ、ブラシ／モップ

図表3-3　特定の学びの内容に関する指導計画

午前	月	火	水	木	金
食べ物と飲み物	・協力してミルクと果物を準備する ・大人の支援を受けながら、他の子どもと協力して取り組む 合図－助ける、与える	・協力してミルクと果物を準備する ・数を順番に暗唱し始める ・対象を正確に数える （幼児 K, J）	・協力してミルクと果物を準備する ・対象を正確に数える ・説明をする	・協力してミルクと果物を準備する ・数的な知識を用いて、課題を解決し始める	・紙パックをグループに分ける ・2つのグループが同じ数を配られたと言い始める
お話	Little Farmer Joe ・気持ちに名前をつけ始めるため （幼児 H, A：自分の気持ちを表現する） 合図－嬉しい、悲しい	Webster J Duck ・音を識別するため （幼児 J, C：音と動物を関連づける） ・写真の詳細に気づくため 合図－動物の名称	And the Good Brown Earth ・それまでの経験と関連づけるため ・最近の出来事について話し合うため （幼児 A, N：支援のもとに） 合図－何を、誰が	Handa's Hen ・他者や文化に気付き始める ・動かせない対象を数え始める （幼児 M, E：数を順唱する）	Roaring Rockets ・韻を踏む単語に気付き始める （幼児 J, H：韻を踏むのに加わる） 合図－注意深く聴く

図表3-4　保育記録用紙

追加の活動	コラージュ素材、クマと洞窟	描画、トラクターの車輪	"クマ狩りに行こう"楽器	踏み石	箱、小石、恐竜、砂
観察	H－コラージュ素材を用いてロケットを作り、家に持って帰って父親に見せる。K, J, A－クマと洞窟でごっこ遊び。	C－乗り込み型のトラクターを用いて園庭で車輪のあとをプリント、困難な場所は絵の具で塗る。みんなで加わった。	クマ狩りの絵本を用いて、ごっこ遊びと歌。Cは屋外で楽器あそびに加わった。	MとE－庭園の踏み石で遊ぶ。K, J, C－野草エリアでクマを探す。	T－箱の収集、砂場では小石と恐竜を持ち込んで遊ぶ。

● 指導計画は、学びと発達の主要6領域と特定の活動とを関連させることも考慮して作成されます。たとえば、Cのトラクターへの興味を考慮するといったようにです。この興味に促されて、保育者主導の活動"タイヤの模様作り"が週案に含まれることになりました。保育者は、"焦点化された活動の計画"の中で、この活動が学びと発達の主要6領域とどのように関連するかを特定しています。

図表3-5　焦点化された活動の計画

日時：火曜日		
活動：タイヤの模様作り		
この活動で取り扱われる領域： 　個人内・社会的・情緒的発達（PSED） 　創造性の発達（CD） 　身体的発達（PD） 　問題解決と論理的思考、数的感覚（PSRN）		取り扱われない領域： 　コミュニケーション・言語・読み書き（CLL） 　世界についての知識と理解（KUW）
ねらい	語彙／問い	学びの領域
いろいろな模様をつける	模様、マーク、パターン、丸い、曲線、真っ直ぐ、同じ、違う	個人内・社会的・情緒的発達（PSED）／創造性の発達（CD）
似ていること、違うことに気づく	パターンは同じ？どのように違う？	問題解決と論理的思考、数的感覚（PSRN）
パターンや大きさ、形に気づく		問題解決と論理的思考、数的感覚（PSRN）
自分のエプロンを身につける		身体的発達（PD）
対象とする子ども： Ro, N, Ja, M, C, Re, L		

● 上記のすべての指導計画と個別の子どもの観察を合わせ、1週間のなかで子どもがどのように活動に参加していたのかがモニターされます。これらの資料は、子どもの育ちに関する日々の討議に使われるほか、週末に保育者が集まって個別の子どもの記録について再検討するときにも使われます。これらの観察から、次の日／週の指導計画が立てられていくのです。

事例2　ナーサリースクールの計画立案

この事例は、ナーサリー・スクールで作成されたものです。事例1と同様に、長期計画が中期の保育計画に読み込まれ、中期の保育計画が短期の保育計画の道しるべとなります。

長期計画

保育者が皆で一緒に長期の指導計画を作成し、園内の学習環境が発達の6つの領域にわたって子どもの発達を支え、促すものであることを保障します。

- 保育環境には、屋外と屋内の両方について、資源や組織、保育者の役割、潜在的な学習の経験が含まれます。継続的な環境の提供として、保育者チームは常時以下のものが提供できるように確認しています。

　　ごっこ遊び　構造遊び　書きもの　算数　砂と水　創造　可塑性のある素材　音楽
　　描画　絵本　ICT　食事準備　身体活動　科学

- コーナー活動の場合は子どもが常時、自らの判断で利用可能であり、学びと発達の主要6領域を支援する多様な資源が用意されています。保育者はまた、学びと発達の機会としてのルーティンの可能性を検討しています（たとえば、登園と降園、出欠確認、おやつと食事の時間、手洗いとトイレ／おむつ交換、片づけの時間）。長期的に計画された保育環境は、広範でバランスのとれたカリキュラムとすべての子どもの学ぶ機会を提供し、中期と短期の保育計画の立案の基盤を提供します。

中期計画

毎学期のはじめに、長期計画をもとにして中期の指導計画が図や表で表されています。

現時点のテーマ／興味・関心についてのアイデアがマッピングされ、可能性のある発達の筋道

図表3-6　中期指導計画に示されたPLODs

学期：春
テーマ：旅と乗り物
開始点：複数名の子どもが、施設に隣接した建設現場で掘削機を見ることに興味を示した。
可能性のある発達の筋道（PLODs）

交通／輸送手段の様式　例：自家用車、バス、船、飛行機、トラクター、大型トラック。	幼児Vの父親に園にきてもらい、パイロットとして働くことについて話してもらう。
車両を詳細に観察する。	大きなブロックを用いて車両を組み立てる。
ナンバープレートを作成する。	車両を様々な傾斜の坂を下らせる。
道路税支払証明書。	空き箱・ダンボールを利用した車両。
砂場エリアに建設現場をつくる。	ごっこ遊び用に自動車修理工場を屋外につくる。
建設を促すような、掘削機やその他の車両を箱庭に配置する。	屋外エリアで、車両／バイク／駐車場に番号をつける。
近隣の自動車修理工場への散歩。	散歩の際に自然物を収集する。
散歩の際に収集した自然物の観察画。	洗車場を訪問する／自動車修理工場の一部として洗車場をつくる。
地図づくり。	宝の地図。
宝探しの地図をつくる。	障害物コースをうまく走る。
小規模世界の資源（例：レゴブロック）：自動車修理工場、列車の線路、車両、床の道路地図。	地図を使って、箱庭でミニ宝探しをする。

Possible Line of Development (PLODs) として図表3-6のように一覧表にされます。多くの場合、テーマは子どもの興味・関心から拾い出され、必ずしもあらかじめ保育者が決めたものにはなりません。たとえば、「旅と乗り物」というテーマは、子どもが近隣の工事現場に興味を示しているのに保育者が気づいたことから広がりはじめ、建設車両に行き着いて決まったものです。テーマの候補について子どもたちと議論がなされ、そこで出たアイデアが記録されてPLODsに取り込まれました。
- 中期の指導計画には、その他に学期の行事などが記載されます。たとえば、どの活動を選択するかの判断に役立つかもしれない特定の子どもの興味・関心などです。今学期の行事は、パンケーキの日、イースター、ホリー【訳注：インドやネパールのヒンドゥー教の春祭り。春の訪れを祝い、誰彼無く色粉を塗りあったり色水を掛け合ったりして祝う】、地元のミュージシャンの園訪問、です。

- 保育計画には、特定の子どもの興味・関心についての記述も含まれます。
  ・Samの父親は新車を購入した。
  ・Ruth, Nadid, Luke, Davidは隣接の建設現場に特に興味をもっている。
  ・Katyの父親は地元の自動車修理工場で勤務している。
  ・Harryは自分のスクーターに乗って園に通っている。
  ・Vaneenaの父親はパイロットである。

短期計画

短期計画は、中期計画を基盤にして作成されます（図表3-7）。個別の子どものニーズや興味・関心に応じた指導計画と、中期の保育計画に基づく活動や経験を含みます。短期の保育計画は、日案あるいは週案として立てられ、学習のねらい、観察と評価のポイント、個別的なねらいと支援、資源、重要な語彙、保育者の役割分担、実際的な情報（例：タイミング）などを提示します。
- 保育者主導の活動の週間予定に加えて、改良された保育環境 (enhanced provision)（以下で説明）。"改良された保育環境"とは、テーマを深めたり子どもの興味・関心に応じるために、継続した保育環境に追加する資源のことです。子どもの興味・関心から発展した活動やある子どもにとくにふさわしいと思われる活動については、保育計画にその子どもの頭文字を太字で記入します。学びと発達の主要6領域も記録され、保育者が1週間のなかですべての領域が取り扱われたことを確認できるようにしています。毎日メモをとりながら、保育者は1週単位で保育計画を一緒に立てます。金曜日は空白のまま残され、保育者の観察や子どもの興味・関心に応じてその週のなかで計画されます。各週の終わりには、翌週の新しい可能性のある発達の筋道についての記述が書き入れられます。
- 保育者主導の活動の日案も、一般的にはテーマと関連した個別の子どもの興味・関心に基づいて、合わせて書かれます（以下に例を示します）。

図表 3-7　短期の指導計画

※週の始まり：2月23日（太字＝特定の子ども）

	月	火	水	木	金
テーマのある活動	子どもが作った地図を使って、地元の自動車修理工場まで散歩に行く PSED；CLL；KUW	Shrove Tuesday に向けて、パンケーキを作る PSED；CLL；KUW	子どもが作った地図を使って、地元の自動車修理工場まで散歩に行く PSED；CLL；KUW	地図を使って、砂箱でミニ宝探し CLL；PSRN；CD	
計画された保育者のねらい	リモコン自動車：操作し走行プランを立てる CLL；KUW；PSED **RB, NT, SS, KL, AP, LP, DR**	→			
焦点化したグループでの話し合いの時間	各自の興味の対象を紹介する PSED；CLL；KUW；CD	サークルタイム PSED；CLL；CD	散歩で採取したモノを紹介する PSED；CLL；KUW；CD	地図と宝を含む興味関心の表を作成する PSED；CLL；KUW；CD	
改良された保育環境					
CLL（コミュニケーション・言語・読み書き）	集められた地図を見る CLL；KUW	自分たちの地図を作成する CLL；KUW	→		
PSRN（問題解決と論理的思考、数的感覚）／数	色と形のパズル PSED；PSRN；PD	数のパズル PSED；PSRN；PD	形を分類する PSED；PSRN；PD	形と色を一致させるゲーム PSED；PSRN；PD	
KUW（世界についての知識と理解）／科学	顕微鏡と（試料を置く）スライド PSED；KUW；PD	坂ートラクター、トロッコ、自動車 PSED；KUW；PD **SG, GB**	散歩で見つけたモノを虫眼鏡を通して視る PSED；CLL；KUW	磁石といろいろなモノ PSED；KUW；PD **PT, NN**	
ICTとコンピュータ	計画された保育者のねらい参照	→			
砂／水	濡れた砂と乾燥した砂 CLL；PD；CD	ティーセット、鍋とフライパンを使った料理ごっこ PSED；CLL；PD	バケツとすきで砂のお城をつくる PSED；PSRN；KUW	色水、チューブ、じょうご PSED；PSRN；PD **HT, MG**	
身体的活動	シャボン玉を作って(blowing)追いかける KUW；PD；CD **NT, PP, FY**	小さな器具を使ってバランスを取る—お手玉、ボール、フラフープ PSED；PD **LP, SS, RB, MK**	障害物コースをうまく走る **PSED；PD**	速い曲やゆっくりとした曲とに合わせて踊る PSED；PD；CD	
創造的エリア	廃品素材の車両をつくる KUW；PD；CD；PSED	→			
感触エリア	カッターやローラーを使った小麦粉粘土 CLL；PD；CD	濡れた／乾燥したパスタ KUW；PD；CD	小麦粉ねんどで作った造形物を乗せてコンベイヤーベルトを使う CLL；PD；CD	トウモロコシ粉の性質を発見する CLL；PD；CD **GG, GB, PT, NT**	
ごっこ遊び(Imaginative Play)	車と道路の地図 KUW；PD；CD **NT, SS, KL, AP, LP, DR**	電車の線路 KUW；PD；CD	車と道路の地図と自動車修理工場セット KUW；PD；CD	飛行機とヘリコプター PSED；PD；CD **RB, NT, SS, KL**	
お店屋さんごっこ(Role Play)	切符売り場 CLL：KUW；CD；PSED	→			
メモ					
子どもの興味に関するメモ					
次週に向けての評価と可能性のある発達の筋道（テーマとその他の行事）					

解説3　イギリスの指導計画について

図表3-8　子ども（David）の記録と展開

(A) 前日（2月23日）の評価欄から

> [評価]
> 子どもの大半が、リモコン自動車を操作して、前進と後退、曲がるなどして動かすことができる。簡単なルートに沿って動かすように展開する（大きな地図を用いて）。Fred, Heather, Kayla は支援を必要としたり、より単純なルートでする必要があるかもしれない。Ruth, Katy は、良い理解を示している－自分たちで地図を描く？

(B) 計画された保育者のねらい、2月24日の午前10時から正午と午後2時から4時まで

興味について、観察から得られたエビデンス：
Nadid は、おもちゃの自動車と合わせて道路地図を使うことにとても強い興味を示してきた。彼のキィ・ワーカーが、そのことを彼の母に伝えると、彼女は Nadid が今週末に迎える彼の誕生日にリモコン自動車をプレゼントするのだと答えた。
ほかに興味を持っている可能性のある子どもたち：Sam（しばしば、自動車で遊んでいる Nadid に加わる姿が見られる）、Katy（いつも、物事の仕組みを明らかにすることに熱心である）。

活動	重要な語彙／問い	より配慮を要する子ども
お店までのルートを、リモコン自動車が進むように操作することを学ぶ。 〈保育者の役割〉 子どもたちに、コントローラーをどのように使うかを見せて教える。お店までの異なるルートを自動車が進むように操作する練習を、子どもたちが順番に行うように促す。	前進／後退 より遠い／より近い 左／右 車を止められますか？ 車を前に動かせますか？	全日：Ruth, Nadid, Sam, Katy 半日：Alex C（午前）, Luke（午前）, David（午後）
観察のポイント 単純な器具をどのように操作するか（KUW） 物事がなぜ起こったり、物事がどのような仕組みで起きるのかに興味を示す（KUW） 分かち合い、順番に後退する（PSED） グループの一員として活動する（PSED）	**資源** リモコン自動車 自動車をカスタマイズするための素材／箱 ルートの描かれた大きな紙（異なるレベルの複雑さ） 新しいルートを描くための大きな紙	**活動を個別の子どもに合わせる** 〈支援〉 より単純なルートを進める＆大人の支援（Fred, Heather, Kayla） 〈挑戦、やりがい〉 新しいルートや指示を考え出す。より支援を必要とする子どもとペアを組み、彼らにリモコン自動車の使い方を教える（Katy, Ruth）

評価－大半の子どもは、簡単なルートを進むように操作することができた。Fred, Heather, Alex C は、より多くの支援を必要とする。David, Andrew, Nadid は特に一緒にうまく活動しており、協力したり順番に交代していた－明日、追加のルートを描くように促す（Ellen, Josh も）。Katy と Ruth は、ナーサリーをぐるりと周回するルートを計画（例：事務所まで）－それに挑戦する意欲を示した。

(C) David の記録

> 日時：2月24日
> 活動：リモコン自動車を操作して、お店までのルートを進めることを学ぶ。
> 子ども：David　　スタッフ：Anna
> 観察：David はリモコン自動車の操作を容易に習得した。彼は Andrew, Nadid と協議してルートを決めた。彼はそのグループのなかにあって自信を持ち、協力的で、順番を交代した。活動後、彼は自分がしたことを詳細に説明した。
> 幼年期の学習目標（子どもの個別の学習で重要度の高いものと関連するものには［＊］の記号を付ける）
> 　単純な器具をどのように操作するか（KUW）
> 　わかち合い、順番に交代する（PSED）＊
> 　グループの一員として活動する（PSED）＊
> 　会話を通して思考やアイデア、感情、出来事を整理し、順序づけ、明確にする（CLL）
>
> この子どもにとっての次の一歩：リモコン自動車を走らせる追加のルートを描く。次の数週間のうちに、ほかの子どもとペアや小グループで一緒に活動する追加の機会を提供する。

（出典：Curriculum Guidance for the Foundation Stage）

- 前日の活動の評価欄（リモコン自動車が導入された初日）は、保育者が２月24日の活動を計画する上で考慮した観察内容を示します（図表３-８（A））。図表３-８（B）に示した〈計画された保育者のねらい〉は、ある１人の子どもの特定の興味・関心から生まれたものですが、その他の多くの子どもたちにとっても適切で興味にあったものであることがわかりました。この活動にはすべての子どもが参加することができますが、個々人の情報を得ることで、保育者は特定の興味・関心やニーズを取り上げやすくなります。

子どもを観察する

- 子ども中心の優れた保育計画を立てられるかどうかは、保育者の観察技術にかかっています。一人ひとりの子ども（あるいは集団）の達成や興味・関心の観察を通して、熟練した保育者は新しい活動を計画したり、子どもの学びを支援するように保育環境を再構成することができます。事例２の園では、一人ひとりの子どもについて、学びで重要度の高いものは、半期ごとに大きな１枚の紙に記録しています。短期と長期でそれぞれ１つずつ、合わせて２つの重要度の高い項目があります。
- 付箋紙を利用して毎日簡単な観察記録をとります。また、保育者チームは毎週４～５人の子どもを選び、その子どもたちをより詳細に観察します（図表３-８（C）の例を参照）。各キィ・ワーカーは、割り当てられた子どもに関する観察の記録を収集し、保管します。さらに、一人ひとりの子どもは"ラーニング・ジャーニー（個人のポートフォリオ／書類ファイル）"を持ち、そこに保育者は子どもがさまざまな活動に参加している写真を貼ったり、その経験から子どもが何を学んだかについての記録を手早くメモしたりします。週末には、保育者は保護者と短い情報交換の時間をとり、子どもの家庭でのようすなどを聞き取るとともに、子どもの園での様子を伝えます。こうして家庭と園が情報を共有することで、一人ひとりの子どものニーズや興味・関心、学び方についてのより詳細な全体像を描くことができるようになり、保育者が子どもの個別の学びで重要度の高い項目を再検討する際の助けとなります。
- 毎日の終わりには、保育者チームが30分から１時間程度集まり、その日の活動を振り返り、個々の子どもで観察されたことについて議論します。ここでの振り返りは、次の日の活動を計画する起点となります。それに続き、前日の姿の延長上で、保育者はグループの子どもたちがどのように活動したかを記録し、特定の子どもの次の一歩の要点を書き出すことで、それが今後の指導計画立案に組み込まれるようにします。

　ここで指導計画のすべてを述べることはできませんが、資料に示した２つの事例から、「子どもを観察すること」「子どもの経験のために、そして子どもの経験から指導計画を立てること」「子どものラーニング・ジャーニーを評価すること」がイギリスでいかに重要視され、高い優先順位を与えられているかが伝わることを望みます。

解説4　ECERS-Eの信頼性と妥当性

　ECERS-Eは、イギリスの幼児教育ナショナルカリキュラムに基づく認可就学前施設において、教育の面で質をさらに評価するために、特別に開発されました。ECERS-Eを用いて測定された保育環境の質は、マルチレベルモデル分析により、プレテスト、子どもの特性、家庭環境という特性を統制後、入学時の子どもの発達を予測する重要なものであると明らかになりました（Sylva et al. 2006）。EPPEプロジェクトやミレニアム・コーホート・スタディ（以下、MCS）の研究で実証されているように、ECERS-Eは、保育の質の教育的側面について評価するのに信頼できる有効な手法であると同時に、子どもの認知、言語、社会的行動の発達を予測する重要な方法です。

　ECERS-Eは、EPPEプロジェクトで、ECERS-Rでは測定のための項目が不足する、保育のカリキュラム／教育という側面の質を測定するために開発されました（Sylva et al. 2006；Soucacou & Sylva 2010）。通常、新しい手法が開発されれば、妥当性と信頼性について検討が必要です（Bryman & Cramer 1996）。妥当性とは、新しい計測方法の測定能力がどれくらい的確なものであるかをいいます。つまり、すべての手順を実行することで、アイデアやそれが測定しようとしている概念の正確な評価につながる場合、測定は有効です。信頼性とは、測定の一貫性のことです。一貫性には2種類あります。1つには2人以上の観察者が同じ日において同じスコア（観察者間の一貫性）を出すかどうか、もう1つには項目が互いにどのように関係しているかということです。ECERS-Eスケールの妥当性と信頼性は以下のとおり確立されました。

基準妥当性

　ある測定方法は、そのスコアが別の同じ概念を測定する方法のスコアと非常に似ている場合、基準妥当性があると言われます。したがって、基準妥当性は理論的概念（何を測定しようとしているのか）と、すでに実績があり使用されている周知の手法ややり方との一致を求めます（Bryman & Cramer 1996）。イギリスでのECERS-Eスケールの基準妥当性は、141の就学前施設の研究から実証されています（Sylva et al. 1999；2006）。ECERS-RとECERS-Eの総合スコア間の相関係数は0.78であり、両者の間において強い正の関係が示されています。この2つの手法は、就学前施設の多少異なる項目に焦点を当てていますが、いずれも「質」の一般的な構成について測定しています。それゆえ、ECERS-Rで高いスコアを得た園がECERS-Eで中から上のスコアを得ることが期待されます。とはいえ2つのスケールが何を測定するかは異なっています。相関が1.00であればこれらがまったく同じものを測定することを意味していますが、相関が1.00ではありません。

　ECERS-EとECERS-Rの間の高い相関は別として、この新しいスケールの基準妥当性は、保育者等と子どもの関係性を評価するスケールであるCIS（Caregiver Interaction Scale）との強い関係からもまた実証されています。Sammonsら（2002）は、ECERS-Eの総合スコアとCISの2つのサブスケール〈良好な関係〉（r = .59）と〈孤立〉（r = − .45）との間に有意な中位の相関を報告しています。ECERS-Eの全サブスケールとCISの全サブスケールとの相関係数は低から中程度の範囲であり、CISのサブスケール〈良好な関係〉は、ECERS-E全サブスケールに0.45から0.58の中程度に関連しています。

予測妥当性（子どものアウトカム）

　予測妥当性とは、新たな測定方法に関して、理論的に推測できるスケールの予測点数の範囲のことです。たとえば、スコアの高い園では、スコアの低い園よりも時間が経過すると発達が進んだ子どもが多くなるということです。EPPEプロジェクトではたとえば、園のECERS-Eのスコアと子どもの発達の進み具合（3歳のプレテストと5歳のプレテスト）との間に高い相関関係がありました。3000人の子どもの認知的発達に関して、ECERS-RのスコアよりECERS-Eの方がよく予測できることがわかりました。多くの子ども、親、家庭および園の特性を統御した後、ECERS-Eの全体スコアは、読みの前段階、早期の数概念、非言語的思考のスコアと正の方向で有意に関連していました。読み書きのサブスケールについては、読みの前段階と早期の数概念の両方に強い正の相関関係がありました。さらに、ECERS-Eの算数(訳出では「数量形」)と多様性のサブスケールによって非言語的思考が予測されました。多様性のサブスケールはまた、早期の数概念と強い正の相関関係がありました。行動面のアウトカムに関しては、ECERS-Eは、自立・集中力と協同・協調を予測する傾向（5％水準にわずかに満たない）にありました（Sammons et al. 2003）。

　子どもの認知的発達と、社会性の発達の結果を予測するにあたり、ECERS-EとECERS-Rのスコアはどの程度役に立つかを比較するのに、Tymms, Merrell, & Henderson（1997）らが開発した方法によって算出された効果量を用います。効果量は、どの程度予測できるかを比較するのに重要となります。これらを図表4-1に示します(ECERS-Rの項目は、1997年版（邦訳『保育環境評価スケール①幼児版』）に準拠)。

図表4-1：認知的発達と社会性の発達について、ECERS-RとECERS-Eの全体スコアとサブスケールのスコアの効果量（子ども、家族、家庭環境の特性についての統御後）(Sylva et al. 2006)

	認知的発達					社会性の発達			
	読みの前段階	一般的な算数概念	言語	非言語的推論	空間認識	自立集中力	協同協調	社交性	非社交的／不安
ECERS-E										
全体スコア	0.166[a]*	0.163*	0.076	0.108*	0.023	0.120#	0.124#	0.073	−0.038
文字と言葉	0.174*	0.142*	0.059	0.105	−0.028	0.097	0.124#	0.077	−0.040
数量形	0.127	0.102	0.042	0.142*	−0.041	0.054	0.077	0.090	0.028
科学と環境	0.012	0.105	0.091	0.109#	−0.056	0.111#	0.079	0.034	−0.059
多様性	0.138#	0.165*	0.033	0.191*	−0.018	0.113#	0.117#	0.021	−0.046
ECERS-R										
全体スコア	0.085	0.087	0.083	0.042	−0.044	0.089	0.131*	0.009	−0.094
空間と家具	0.068	0.008	0.065	0.022	−0.019	0.009	0.103	−0.033	−0.108
個人的な日常のケア	−0.024	0.028	0.083	−0.057	0.042	0.055	0.128	0.026	−0.086
言語と思考力	0.104	0.090	0.067	0.053	−0.108#	0.096	0.148*	0.030	−0.065
活動	0.015	0.062	0.074	0.062	−0.065	0.046	0.067	−0.029	−0.028
相互関係	0.080	0.199*	0.053	0.073	−0.037	0.134*	0.180*	0.116#	−0.059
保育の構造	0.063	0.035	0.041	0.037	−0.064	0.033	0.064	−0.018	−0.049
保護者と保育者	0.144#	0.014	0.045	0.045	0.008	0.054	0.087	−0.012	−0.071

[a] 施設を移したケースは含まない。 * p<.05; # p<.08

ECERS-Eと子どもの認知的発達との十分に強い関係は、ECERS-Eスケールで測定される教育／カリキュラムの環境の重要な要素が子どもの発達に関連していることを示唆しています。言い換えれば、このスケールは社会性の発達と同様に、必要とされる学業的なスキルに関する質の指標として有効であるということです（Sylva et al. 2006）。

　ECERS-Rは、子どもの社会性の発達に関連する保育の質を測りやすいとわかっており、それに対してECERS-Eは子どもの認知と学習能力に関連する質を測りやすいと考えられています。2つのスケールが、就学前施設において認知的発達や社会性の発達をさまざまな方法で予測していることは、子どもの発達について多方面から測定されていることを意味します。その結果として、学業成績が入学後に評価された場合、ECERS-Eは入学の準備として（言語、初歩的な計算能力、読み書き能力に関して）予測の良い判断材料となります。社会能力の発達が最も重要と考えられる文化的背景では、ECERS-Rは学校生活の良いスタートを切れるかどうかを予測するのにより良いスケールです。

概念的妥当性（保育者の資格）

　さらに、スケールの基準妥当性は、観察された質と保育者の資格との関連性を調べることによって、実証されました。理論的には、質の高い園では保育者がより高い資格をもっていることが予測されます。ECERS-Eのスケールの概念的妥当性はMCSによって実証されました（Mathers, Sylva, & Joshi 2007）。MCSでは集団保育を受けた3歳児が無作為に抽出され、ECERS-R、ECERS-E及びCISの観察が、それらの施設で実施されました。センターの何らかの特性が保育の質の高さに関連していると予測するために、いくつかの情報が収集されました。ECERS-Eを使用して文字と言葉、数量形、科学と環境、多様性の総合的な質を測定しました。センターの保育者の資格は、MCSにおいて301園のECERS-Eスコアの重要な予測因子でした。分析によると、さまざまな園の特性（規模、保育者と子どもの比率、センターのタイプ）を制御した後、全保育者の資格のレベルの平均は、質のスコアに有意な相関関係があります。それは、ECERS-Eの全サブスケールと全体スコアに有意がありました。図表4-2に示すベータ版の重みづけは、300以上のセンターのそれぞれの保育者の資質がECERS-Eスコアを予測した程度を表します。

図表4-2：保育者の資格とECERS-Eのスコアの平均の関係性

ECERS-E	保育者の資格の平均	p値
全体スコア	0.21	<.001
文字と言葉	0.25	<.001
数量形	0.15	<.05
科学と環境	0.18	<.01
多様性	0.13	<.05

　MCSからの研究結果では、ECERS-Eが同時に有効であることを示しています。保育者の資質が、ECERS-Eの文字と言葉のサブスケールに最も強く関係していました。より高い資格は、カリキュラムの他の点よりも文字と言葉により関係していることを示唆しています（Mathers & Sylva 2007）。

評価者間信頼性

　EPPEプロジェクトの研究（Sylva et al. 1999）によると、ECERS-Eの評価者間信頼性は、ECERS-R

の因子分析でも使用された無作為に選ばれた25施設から得られたデータを計算したものです。信頼係数は地域ごとに計算され、評価者間の正確な合意の割合と重みづけされたカッパ係数の両方があります。評価者間一致のパーセンテージは88.4から97.6の範囲となる一方で、カッパ係数は0.83から0.97の範囲となり、評価者間の合意は高いレベルの一致を示しています。同様の高いレベルの一致は、Mathers & Sylva（2007）によっても明らかになりました。

因子分析と内的整合性

141園でECERS-Eを実施し、因子分析を行うと（Sylva et al. 2006）、スコアの全分散の約50％の割合を占める2つの因子の存在を示しました。第一因子は、カリキュラム、第二因子は多様性と名づけられました。図表4-3は、これら2つの因子の負荷（0.6以上）の項目について示しています。

図表4-3：ECERS-Eにおける2つの因子（N＝141）

因子1：カリキュラム	負荷量	因子2：多様性	負荷量
環境の中の文字	0.684	ジェンダー	0.763
自然物	0.683	異なる民族・文化の尊重	0.702
数える	0.678	本と読み	0.643
科学にまつわる体験	0.656		
話すことと聞くこと	0.649		
言葉の音	0.634		

各因子について、クロンバックのアルファ係数を計算しました。第1因子では高く（0.84）、第2因子では中程度（0.64）になりました。アルファ値は、2つの因子が中程度から良い内的整合性であることを示しています。

ECERS-RとECERS-Eの妥当性サンプルのスコア

141園でのECERS-Rの全体スコアの平均は4.34（SD＝1.00）、ECERS-Eの全体スコアの平均は3.07（SD＝1.00）でした。前者のスコアは「十分に適合」の範囲にあります。一方、後者のスコアは「適合した」質を示しています。図表4-4で、両方のスケールの全体スコアとサブスケールのスコアを示しています（ECERS-Rの項目については、前掲図表4-1と同様）。

国や文化の違いを越えた質

「質」の概念は万国共通ではありません。それぞれの国の教育課程と文化から影響を受けています。子どもの発達で重要と思われている子どものアウトカムは、質をどのように考え、どのように測定するかによって異なってきます。小学校に入学するとき学力的なことが重視されるなら、ECERS-Eはどれだけ子どもが準備できているかの良い予測因子となります。これには言葉、計算能力、読み書きの基礎、および科学的理解があります。しかし社会性の発達が重視されるなら、ECERS-Rの社会的相互関係のスケールの方が、うまく学校生活をスタートできることをよく予測するかもしれません。子どもの自立と協調性の発達は、ECERS-Rの結果と最も一致しています。

図表4-4：検証サンプルからのECERS-RとECERS-Eにおける合計とサブスケールのスコア
(n＝141就学前施設；Sylva et al. 2006)

	平均値	標準偏差(SD)
ECERS-R		
1　空間と家具	4.85	1.04
2　個人的な日常のケア	3.81	1.36
3　言語と思考力	4.32	1.33
4　活　動	3.83	1.16
5　相互関係	4.82	1.31
6　保育の構造	470	1.47
7　保護者と保育者	4.07	1.28
全体スコア	4.34	1.00
ECERS-E		
1　文字と言葉	3.96	1.06
2　数量形	2.95	1.19
3　科学と環境	2.98	1.52
4　多様性	2.38	1.11
全体スコア	3.07	1.01

　ECERS-Eはイギリスで開発されましたが、その構造はアメリカで開発されたECERS-Rから多大な影響を受けました。他のヨーロッパ諸国においても有効であることが証明されています（Rossbach 印刷中）。私たちは世界中の研究や保育者の専門性の向上のためにスケールを用いている人々との議論を歓迎します。

文献一覧

Audit Commission. (1996). *Counting to five*. London: Author.

Ball, C. (1994). *Start right: the importance of early learning*. London: Royal Society of Arts, Manufacturing and Commerce.

Bredekamp, S., & Copple, C. (Eds.). (1997). *Developmentally Appropriate Practice in early childhood programs*. Washington, DC: National Association for the Education of Young Children.

Bryman, A., & Cramer, D. (1996). *Quantitative data analysis with minitab: A guide for social scientists*. London: Routledge.

Cryer, D., Harms, T., & Riley, C. (2003). *All about the ECERS-R*. Lewisville, NC: Pact House Publishing.

Department of Education and Skills. (1990). *Starting with quality: Report of the committee of inquiry into the quality of educational experiences offered to 3 and 4-year-olds* [Rumbold Report]. London: Her Majesty's Stationery Office.

Department for Education and Skills. (2007a). *The early years foundation stage: Setting the standards for learning, development and care for children from birth to five*. Nottingham, U.K.: Author.

Department for Education and Skills. (2007b). *Statutory framework for the early years foundation stage*. Nottingham, U.K.: Author.

Evangelou, M., Sylva, K. Kyriacou, M., Wild, M., & Glenny, G. (2009). *Early years learning and development: literature review*. London: Department for Children, Schools and Families.

Harms, T., Clifford, R. M., & Cryer, D. (2003). *Infant/toddler environment rating scale-Revised (ITERS-R)*. New York: Teachers College Press.

Harms, T., Clifford, R. M., & Cryer, D. (2005). *Early childhood environment rating scale-Revised (ECERS-R)*. New York: Teachers College Press.

Harms, T., & Cryer, D. (2006). *Video Observations for the ECERS-R*. New York: Teachers College Press.

Harrns, T., Cryer, D., & Clifford, R. M. (2007). *Family child care environment rating scale-Revised (FCCERS-R)*. New York: Teachers College Press.

Harms, T., Jacobs, E. V., & White, D. R. (1996). *School-age care environment rating scale (SACERS)*. New York: Teachers College Press.

Ilsley, B. J. (2000). *The Tamil Nadu early childhood environmental rating scale (TECERS)*. Chennai, India: M.S. Swaminathan Research Foundation.

Mason, J. M., & Stewart, J. P. (1990). Emergent literacy assessment for instructional use in kindergarten. In L. M. Morrow & J. K. Smith (Eds.), *Assessment for instruction in early literacy* (pp. 155-175). Englewood Cliffs, NJ: Prentice-Hall.

Mathers, S., & Linskey, F. (Forthcoming). *All about the ECERS-E*.

Mathers, S., Linskey, F., Seddon, J., & Sylva, K. (2007). Using quality rating scales for professional development: experiences from the U.K. *International Journal of Early Years Education, 15(3)*, 261-274. Available at http://dx.doi.org/10.1080/09669760701516959

Mathers, S., & Sylva, K. (2007). *National Evaluation of the Neighbourhood Nurseries Initiative: The Relationship between Quality and Children's Behavioural Development* [Sure Start Research Report SSU/2007/FR/022]. London: DfES/Department of Educational Studies, University of Oxford.

Mathers, S., Sylva, K., & Joshi, H. (2007). *Quality of childcare settings in the MIllennium Cohort Study* [DSCF Research report SSU/2008/FR-025]. London: DCSF.

Office for Standards in Education (Ofsted). (2008). *Early years self-evaluation form guidance: Guidance to support using the self-evaluation form to evaluate the quality of registered early years provision and ensure continuous improvement* [Reference No. 080103]. London: Author. Available at www.ofsted.gov.uk.

Qualification and Curriculum Authority. (2000). *Curriculum guidance for the foundation stage*. London: Qualifications and Curriculum Authority.

Qualification and Curriculum Authority & Department for Education and Skills. (2003). *The foundation stage profile*. London: Qualifications and Curriculum Authority Publications.

Rogoff, B., & Lave, J. (Eds.). (1999). *Everyday cognition: lts development in social context*. Cambridge, MA: Harvard University Press.

Rossbach, H. G. (in preparation). *Using the ECERS-R in German pre-school centers*.

Sammons, P., Sylva, K., Melhuish, E., Siraj-Blatchford, I., Taggart, B., & Elliot, K. (2002). *Measuring the impact of pre-school on children's cognitive progress over the pre-school period* [Technical Paper 8 a]. London: Institute of Education.

Sammons, P., Sylva, K., Melhuish, E., Siraj-Blatchford, I., Taggart, B., & Elliot, K. (2003). *Measuring the impact of pre-school on children's social behavioural development over the pre-school period* [Technical Paper 8 b]. London: Institute of Education.

Senechal, M., Lefevre, J.-A., Smith-Chant, B. L., & Colton, K. V. (2001). On refining theoretical models of emergent literacy: The role of empirical evidence. *Journal of School Psychology, 39(5)*, 439-460.

Siraj-Blatchford, I. (2002a). *Final annual evaluation report of the Gamesley Early Excellence Center*. Unpublished report, University of London, Institute of Education.

Siraj-Blatchford, I. (2002b). *Final annual evaluation report of the Thomas Coram Early Excellence Center*. Unpublished report, University of London, Institute of Education.

Siraj-Blatchford, I., Sylva, K., Muttock, S., Gilden, R. & Bell, D. (2002). *Researching Effective Pedagogy in the Early Years (REPEY) study*. London: DfES Publications.

Siraj-Blatchford, I., Sylva, K., Taggart, B., Sammons, P., Melhuish, E. C., & Elliot, K. (2003). *The Effective Provision of Pre-School Education (EPPE) Project. Technical Paper 10-Intensive case studies of practice across the foundation stage* [DfES Research Brief No. RBX 16-03, October 2003]. Nottingham: DfES Publications.

Snow, C. E. (2006). What counts as literacy in early childhood? In K. McCartney & D. Phillips (Eds.), *Blackwell handbook of early childhood development* (pp. 274-294). Malden, MA: Blackwell.

Soucacou, E., & Sylva, K. (2010). Developing observation instruments and arriving at inter-rater reliability for a range of contexts and raters: The early childhood environment rating scales. In G. Walford, E. Tucker, & M. Viswanathan (Eds.), *The Sage handbook of measurement* (pp. 61-85). London: Sage Publications.

Storch, S. A., & Whitehurst, G. J. (2001). The role of family and home in the literacy development of children from low-income backgrounds. *New Directions For Child and Adolescent Development, 92*, 53-71.

Sulzby, E., & Teale, W. (1991). Emergent literacy. In R. Barr, M. Kamil, P. Mosenthal, & P. D. Pearson (Eds.), *Handbook of reading research* (Vol. 2, pp. 727-758). New York: Longman.

Sylva, K., Melhuish, E., Sammons, P., Siraj-Blatchford, I., & Taggart, B. (2004). *The Effective Provision of Pre-school Education (EPPE) project: Final report* [A longitudinal study funded by the DfES 1997-2003]. Nottingham: Department for Children, Schools and Families.

Sylva, K., Melhuish, E., Sammons, P., Siraj-Blatchford, I., & Taggart, B. (2008). *Final report from the primary phase: Pre-school, school and family influences on children's development during Key Stage 2 (age 7 - 11)* [DCSF RR 061]. Nottingham: Department for Children, Schools and Families.

Sylva, K., Melhuish, E., Sammons, P., Siraj-Blatchford, I., & Taggart, B. (2010). *Early childhood matters*. New York and London: Routledge Taylor Francis Group.

Sylva, K., Siraj-Blatchford, I., Melhuish, E., Sammons, P., Taggart, B., Evans, E., Dobson, A., Jeavons, M., Lewis, K., Morahan, M., & Sadler, S. (1999). *Characteristics of the centers in the EPPE sample: Observational profiles* (Technical Paper 6). London: Institute of Education.

Sylva, K., Siraj-Blatchford, I., Taggart, B., Sammons, P., Melhuish, E., Elliot, K., & Totsika, V. (2006). Capturing quality in early childhood through environmental rating scales. *Early Childhood Research Quarterly, 21*, 76-92.

Tietze, W., Cryer, D., Bairrao, J., Palacios, J., & Wetzel, G. (1996). Comparisons of observed process quality of early child care and education in five countries. *Early Childhood Research Quarterly, 11(4)*, 447-475.

Tymms, P., Merrell, C., & Henderson, B. (1997). The first year at school: A quantitative investigation of the attainment and progress of pupils. *Educational Research and Evaluation, 3(2)*, 101-118.

Whitehurst, G. J., & Lonigan, C. J. (1998). Child development and emergent literacy. *Child Development, 69(3)*, 848-872.

Wood, D., Bruner, J. S., & Ross, G. (1976). The role of tutoring in problem solving. *Journal of Child Psychology and Psychiatry, 17(2)*, 89-100.

Yan Yan, L., & Yuejuan, P. (2008). Development and validation of kindergarten environment rating scale. *International Journal of Early Years Education, 16(2)*, 101-114.

ECERS-E 翻訳本への参画

「園の評価は毎年の新入園児の『数』で担保されている。」

しばしば、世の園長・理事長から耳にする言説です。なるほど、質の劣化した園に、わが子を入れる親がこのご時世にどこにいるのだ、ということなのですね。たしかに、園児数や入園希望者数が多い園が、実は著しく教育の質が低かった、という醜聞を聞いた記憶は（いまのところは）ありません。しかし「園児数や入園希望者数が多い園」＝「質の高い幼児教育を行っている園」という公式が、正しく信頼できるものであるかどうかは、僕は寡聞にして知りません。

はたしてそれは、ほんとう（真実）でしょうか。

僕自身は、個人的には「懐疑的である派」です。その理由は（幼児教育業界に入る前の）自分がそうであったように、世の中の大勢の大人（親）は、わが子を預ける保育施設に対して「質が高いか低いか」などと考える回路を持ち合わせていないという事実が、わりと社会一般の認識としてあるのではないか、という仮説をもっているからです。その仮説の根拠にあるのが、さまざまな保護者アンケート調査の結果です。

「幼稚園・保育園選びで重視することはなんですか」の設問があった場合、必ず上位に挙がるのが「家から近い」です。はっきり言って、園の周囲にどれだけ子どもがいるかどうかで、おおよその園児数は決まってくるということです。そうであるならば、園の質の評価を園児数で計ることの無為さは自ずとわかるというものです。まわりくどくなりましたが、公的資金が投入される先には、投資を担保するに値する「客観的な必然性の評価」が根拠として必要です。ならば、外部評価を受けることは、ほとんど義務であると言っても過言ではないといえるのではないでしょうか。

自己評価、関係者評価、第三者評価、SICS、SSTEWなど、ここ数年次々にさまざまな評価の概念や手法が幼児教育施設に覆い被さってきました。時代の流れとして、もはや幼児教育施設が存続するために、外部評価は避けて通ることはできなくなってきたといえるでしょう。

そんななか、かねてより埋橋玲子さんと共にECERS-Rを実践していた保育と仲間づくり研究会の会員から「文字、数など科学に特化した評価が教育要領改訂と相まって重要視されるようになるのではないか」という洞察のもとECERS-Eを是非翻訳したいと会に提案があり、埋橋さんから正式に協力依頼の打診がありました。協力に際しては、会員のなかで若干の議論はあったものの「日本の幼児教育の質向上に寄与する」という共通目的のために、出版費用の負担と誌面構成のための保育実践の提供をNPO法人 保育と仲間づくりネットの事業として受託することになりました。そうして完成したのが本著です。

生涯にわたる人格形成の基礎を培う大事な幼児教育の実践者として、当NPO法人が『新・保育環境評価スケール③考える力』の発刊に多少なりとも参画できたことは、大きな喜びです。今後はこのスケールをもとに、わが国の保育・幼児教育がますます子どもたちのより良い育ちにコミットしていくことを願ってやみません。

秦　賢志
NPO法人 保育と仲間づくりネット代表理事
学校法人 小寺学園はまようちえん理事長／ディレクター

保育と仲間づくり研究会（通称：仲間研）／NPO法人保育と仲間づくりネット（通称：なっと）

　1991年に大阪府と兵庫県の私立幼稚園後継者5名が設立。当時滋賀大学に在籍していた小田豊先生をスーパーバイザーに迎え、定期的な勉強会や公開保育、職員研修会を開催してきた。現在は、天理大学の菅野信夫先生をスーパーバイザーに加え、関西圏の私立幼稚園・こども園・保育園の園長や大学に籍を置く研究者、臨床心理士、子育て関連企業など多彩なメンバーが参加し、活動している。

　仲間研が母体となり、2004年にNPO法人保育と仲間づくりネットが設立。

"質の高い保育" を追求するためのツールの1つとして

　私の評価尺度との初めての出会いは、2009年にベルギーで学んだSICSでした。当時、学校評価が自己評価から学校関係者評価、そして第三者評価へと拡張されていく流れのなかで、日本の私立幼稚園団体では保育の質を評価する指標や制度を学び、適切な指標や制度を作ることが大きな課題でした。その後もCLASSやECERS、SPARKなどの評価尺度、OFSTEDやERO、ECDAなどの評価・監査の機関と制度に関する視察や勉強を継続して行う過程で、日本における保育環境評価スケールの第一人者である埋橋玲子先生と出会い、今回ECERS-Eの翻訳出版のご縁をいただきました。

　評価の尺度や制度を学ぶなかで、評価を肯定的に認識している層と、否定的に認識している層の分断を感じました。前者は、評価を受けた経験を持ち、それが自園の保育の質の向上につながったと実感していました。後者の大半は、評価を受けた経験がなく、その実態を知りませんでした。評価への抵抗の大半が、知らないことからくる恐れや不安が原因であるならば、評価が保育実践を適切に反映し、評価することが実践の改善・向上につながると実感してもらえれば、ほとんどの園や保育者は評価を受け入れるのではないか、という印象を私は持っています。

　そこで、実際に自己評価をしたり、他者から評価を受けたりすることを通して保育実践の向上につながる取り組みを、私立幼稚園団体での活動で続けてきました。大阪府私立幼稚園連盟では、「やって良かった公開保育」を合い言葉に年間7園が公開保育を実施しており、教育研究委員が事前の打ち合わせや研修、当日の話し合いの司会や運営などに関わります。実施園からの反応は肯定的なもので、自園をふりかえる機会になると同時に、外部から学ぶきっかけにもなっています。全日本私立幼稚園幼児教育研究機構では、公開保育とその前後の研修等を体系的に構築し、公開保育を活用した幼児教育の質向上システム「ECEQ」を運用しています。こうした公開保育では、自園の良さや課題を自分たちで整理する自己評価と、外部者から受け取るフィードバックという他者評価を材料に、保育の質の向上を目指します。その源流は、今回の翻訳出版に協力した「保育と仲間づくり研究会」および「保育と仲間づくりネット」の公開保育にあります（会の紹介は前述（p.70））。

　こうした公開保育を通した質の向上の取り組みを続けるなかで、1つは自己評価にせよ他者評価にせよ「その評価が妥当である」保障がないこと、もう1つは大きな方向性を確かめる契機にはなる一方で具体的に何をしていくかを個別・詳細に知る機会ではないこと、を課題に感じます。保育環境評価スケールは、この2点に対して有効です。世界各国で数十年に渡って利用されデータを収集・分析してきたECERSは、各サブスケールについての測定の妥当性を（ある程度）保障します。また、実際に保育環境を変えていこうとしたときに、各指標は個別的で具体的な道しるべとなります。

　今後ますます、質の向上を目指す取り組みのツールの1つとして評価尺度が組み込まれ、日本の保育者が質向上の実感を持って評価尺度を利用していくようになる未来の萌芽を、保育現場や幼稚園団体の活動のなかに見出しています。長期的には、国や自治体レベルでの質保障の制度のツールの1つとして評価尺度が利用され、日本の保育の質向上に繋がることを願い、結びといたします。

平林　　祥

"質の高い保育"を発信するプラットホームに

　ECERS-R のエクステンションである ECERS-E を世に出す機会に恵まれたことを、ECERS-R とその他の保育環境評価スケールの翻訳者としてとても嬉しく、誇りに思います。私とスケールの出会いは2000年に遡りますが、以後、オリジナルのアメリカの ECERS の 3 人の著者との交流に恵まれ、またヨーロッパでの ECERS のインターナショナル・ワークショップでは ECERS-E の著者とも交わる幸せを得ました。イギリスの保育制度を研究していることもあり、ECERS-E のなかに「イギリス」が処々に感じられることは翻訳の喜びでもありました。

　解説の中に記されている、ECERS が保育者に受け入れられ保育の質の向上につながるプロセス (pp.45-47) は、日本で私が評価実習を行い現場の先生方にスケールを受け入れてもらうプロセスと共通しています。つまり、項目や指標を手掛かりに実践を振り返り、他の人と「質の高い保育とは何か」についてひとつひとつの具体的な場面を率直に議論でき、改善につながるということです。

　2004年の最初の翻訳以来、十数年にわたり「保育環境評価スケール」の普及に努力を続けてきました。スケールを使い始めて保育環境が変わり、子どもが変わり、先生が変わり保育が大きく変わった数年越しの事例も少しずつ現れてきました。非認知的能力の重要性が説かれていますが、遊び込むなかで子どもたちは認知的な能力を育てていることがよくわかります。

　ECERS-E は認知的な能力を育てる環境の要因に焦点づけられていますが、非認知的な能力と認知的な能力は決して別々にではなく「あざなえる縄のごとく」絡み合い育っていくものだということを強く感じます。その縄を形作る一本一本の藁がいわば保育環境のひとつひとつの要素であり、縄をなうのは子どもと保育者の手のひらの共同作業である、と喩えてみたくなります。

　理解の助けとするためにできるだけ写真を掲載したいと思いました。一緒に園を訪れてくださったカメラマンの藤田俊さん（リンクエイジ株式会社）に感謝いたします。快くご協力くださいましたはまようちえん、あけぼの幼稚園、かわにしひよし保育園、せんりひじり幼稚園、木の実幼稚園、はっとこども園、池田すみれこども園、菊の花幼稚園、自然幼稚園、庄内こどもの杜幼稚園、御幸幼稚園、むつみこども園、かたつ保育園、あけぼの保育園（金沢市）、川和保育園、新宿せいが子ども園、の皆さまに心より御礼申し上げます。

　解説 4 の翻訳に際し、平安女学院短期大学の岩渕善美先生のご助力に感謝します。

　本書の出版は NPO 法人保育と仲間づくりネットのみなさまの多大なるご支援によるものです。ここに記して心より感謝の意を表します。出版にあたり法律文化社の田靡純子さんには引き続きお世話になりました。杉原仁美さんは編集に労をいとわず細やかに取り組んでくださいました。

　本書が、そしてまだ幻の『ECERS-E のすべて・日本版』が保育の質の向上の 1 つのツールとなること、仲間研やその他日本で培われてきた質の高い保育のありように対し自覚的になり、他者に伝える 1 つのプラットフォームとなることを強く望み、結びといたします。

埋橋玲子

●著者紹介

キャシー・シルバー（Kathy Sylva）
　オックスフォード大学教育心理学教授。乳幼児の教育とケアについての多くの研究業績がある。

イラム・シラージ（Iram Siraj）
　ロンドン大学幼児教育研究所教授。幼児教育カリキュラムと教育学専門。幼児教育の質と公平性についての著作多数。

ブレンダ・タガート（Brenda Taggart）
　ロンドン大学教育研究所主任研究員/EPPEプロジェクト研究員。初等教育と研究をバックグラウンドとする。

●訳者紹介

平林　祥（ひらばやし　しょう）
　学校法人見真学園ひかり幼稚園で勤務するかたわら、全日本私立幼稚園幼児教育研究機構の砂場研究チーム委員・大阪府私立幼稚園連盟の教育研究委員会副委員長・大阪市私立幼稚園連合会の研究部副部長などとして私立幼稚園団体での研究や研修に携わる。園内研修や公開保育、教員研修などを通して保育の質を向上するための取り組みと、幼児教育・保育施設におけるリーダーシップ・メンタリングに強い関心を持つ。著書に『子どもに至る』（共著／ひとなる書房、2016年）。

埋橋玲子（うずはし　れいこ）
　同志社女子大学現代社会学部現代こども学科教授。博士（学術）。専門は保育学、保育評価、イギリスの保育。アメリカでECERS等のトレーニングを受けた。保育現場で保育者と共に保育の質の向上を目指す評価研修を重ねている。2004年にECERS-Rを『保育環境評価スケール①幼児版』、ITERS-Rを『同②乳児版』として訳出・出版（法律文化社）。2016年にはECERS-3（2015）を『新・保育環境評価スケール①3歳以上』として訳出・出版（同社）。ITERS-3は『同②3歳未満』として2018年出版予定（同社）。国立教育政策研究所幼児教育センター・プロジェクト研究「幼児期からの育ち・学びとプロセスの質に関する研究（平成29-34年度）」所外委員。

新・保育環境評価スケール③〈考える力〉

2018年6月1日　初版第1刷発行

著　者	キャシー・シルバー イラム・シラージ ブレンダ・タガート
訳　者	平林　祥・埋橋玲子
発行者	田靡純子
発行所	株式会社 法律文化社

〒603-8053
京都市北区上賀茂岩ヶ垣内町71
電話 075(791)7131　FAX 075(721)8400
http://www.hou-bun.com/

＊乱丁など不良本がありましたら、ご連絡ください。
　送料小社負担にてお取り替えいたします。

印刷：西濃印刷㈱／製本：㈱藤沢製本
装幀：白沢　正
ISBN 978-4-589-03943-9
Ⓒ2018 S. Hirabayashi, R. Uzuhashi Printed in Japan
ERS®および環境評価スケール®はコロンビア大学
ティーチャーズカレッジの登録商標です。

JCOPY 〈㈳出版者著作権管理機構　委託出版物〉
本書の無断複写は著作権法上での例外を除き禁じられています。複写される場合は、そのつど事前に、㈳出版者著作権管理機構（電話03-3513-6969、FAX03-3513-6979、e-mail: info@jcopy.or.jp）の許諾を得てください。